ÉLOGE
DU PAPE
CLÉMENT XIV.

ÉLOGE

DU SOUVERAIN PONTIFE

CLÉMENT XIV.

GANGANELLI,

MINEUR CONVENTUEL;

TRADUCTION LIBRE DE L'ITALIEN,

SUR LA SECONDE ÉDITION,

Par le R. P. JEAN-PIERRE LIEUTAUD, Père de Province de l'Ordre des Frères Mineurs Conventuels, & Docteur Aggrégé en la Faculté de Théologie de l'Université d'Avignon.

Mendacés oftendit qui maculaverunt illum.

Il a convaincu d'imposture ceux qui l'ont diffamé. *Sag.* 10. 12.

A ROME;

& fe trouve

A PARIS,

Chez LOTTIN le jeune, Libraire, rue S.-Jacques, vis-à-vis celle de la Parcheminerie.

M. DCC. LXXXI.

L'AUTEUR
AU LECTEUR.

L'ÉLOGE du grand Ganganelli que je donne au Public, n'est pas un de ces Discours bassement flatteurs, qui déshonorent tout-à-la fois l'Auteur & le personnage qu'il veut rendre recommandable ; je n'ai écouté d'autre voix en le composant, que celle de la vérité & de la justice. Louangeur fastidieux, aurois-je voulu faire la dernière des injures aux cendres d'un Héros, qui fut toujours l'implacable ennemi de la flatterie, & qui mit toute son étude à devenir vertueux par le seul plaisir de l'être ? A quoi

bon employer des couleurs étrangères dans un tableau qui ne présente que grandeur d'âme, qu'uni-
versalité de talens, que parfait
héroïsme ; où l'on n'admire qu'a-
ctions éclatantes, qu'événemens
dignes d'une gloire sans bornes ;
où tout est prodige d'activité, d'intrépidité & de vertu ?

Le monde impartial qui, pendant l'espace de cinq années, a observé avec un égal étonnement, &
la dextérité de Clément XIV. à
manier les affaires les plus épineuses, & les réglemens, vrai chef-
d'œuvre de sagesse, enfantés par
son zèle pour le bien de l'Eglise &
de son Etat, pourroit-il ne point
accueillir un ouvrage consacré à la

gloire d'un Pape qui a tant de
droits à sa reconnoissance ? N'est-il
pas juste que tous les gens de bien
s'empressent de célébrer ses vertus,
dans un temps où sa mémoire est
énormément insultée, & où l'on
fait les plus grands efforts pour la
couvrir d'infamie, par une infinité
d'écrits sacrilèges, fruit détestable
de la malice, de la haine & de l'envie ? Ce grand Homme, qui fut
choisi par les décrets éternels de la
providence, pour une des plus importantes œuvres qu'on connoisse ;
qui soutint avec le plus vif éclat
la dignité du Trône & de la Chaire
apostolique ; qui ne respira que pour
la félicité de l'Eglise & de son
Etat, ne trouveroit-il pas un ven-
geur de l'honnêteté si cruellement

outragée dans sa personne? Si dans ce siècle pervers on peut décréditer impunément & la vertu & les hommes vertueux ; qu'il soit aussi permis de défendre l'innocence, de déprimer l'impiété ; & tandis qu'on prodigue les éloges les plus pompeux à ceux qui dans le grand nombre de qualités obscures, laissent à peine entrevoir quelques foibles rayons d'actions louables, ne refusons pas nos hommages à l'immortel Ganganelli, qui ne fit jamais rien que de grand & d'héroïque. On sait que l'amour de l'humanité deviendra bientôt si odieux, qu'il suffira de se consacrer au bien public & particulier pour déplaire aux hommes, & s'attirer de leur part une aversion & une haine

implacable. Clément nous fournit
une preuve incontestable de cette
vérité ; mais il semble que le ciel
prenne plaisir à accroître sa gloire,
à proportion des horribles impré-
cations que lui donnent les impies ;
& c'est par-là sur-tout, que ce vrai
imitateur de son divin Maître devoit lui ressembler.

Le désir de donner un nouveau
lustre aux vertus de Clément, for-
tifié par les pressantes sollicitations
des personnes qui me flattoient de
pouvoir contribuer à ce grand but,
m'a engagé à mettre au jour cet
Eloge, que je n'ai composé dans
ma solitude, à mes heures de loisir,
que comme un agréable délassement
de mes travaux d'esprit. Va-t-en

ai-je dit alors à mon Ecrit infortuné ; & portant avec toi le caractère de la vérité, sois au moins aussi heureux, que ceux qui, chargés de l'iniquité & de l'abomination de leurs auteurs, paroissent à la face de l'univers, avec l'empreinte exécrable de l'impiété & de la calomnie. Que les Nations étrangères ne disent plus à notre éternelle honte, que l'Italie n'est point le pays de la vertu ; sois toi-même un témoignage, qu'elle y est encore en honneur, & que les Héros y sont estimés ; apprends-leur, que la réputation de celui que j'entreprends de louer, ne souffrira jamais la moindre atteinte des injures du temps. J'ai répété ces paroles, & aussi-tôt je me suis hazardé de sou-

mettre l'Eloge de Clément XIV
à la redoutable censure du monde
savant.

Pour vous, Mon cher Lecteur,
vous trouverez peut-être dans l'Ouvrage que je vous présente, plutôt
le Panégyrique de la vertu même,
que celui de Ganganelli. Mais si
vous considérez attentivement &
sans prévention l'analogie qui se
fait sentir entre la nature de la
vertu & les belles actions de Clément XIV, vous serez dans l'heureuse nécessité de leur partager également votre admiration. Lisez
donc cet Eloge, & songez qu'en
rendant hommage à la vertu,
vous révérez le Héros sa fidelle
copie.

Avertissement du Traducteur.

Il manquoit à l'édition qu'a donné Mr de Caraccioli, des lettres (*) & autres pièces intéressantes de Clément XIV. un éloge

(*) Les Savans sont presque généralement persuadés aujourd'hui, que M. de Caraccioli a inséré quelques Lettres & Pièces, dont il a voulu faire honneur à Ganganelli. Pour peu qu'on les examine de près, on s'apperçoit aisément, qu'il lui prête des sentimens qui sont absolument étrangers à un Religieux, à un Théologien Italien, à un Chef de l'Eglise. Mais quoiqu'en puissent penser les Partisans de la Société supprimée par Clément XIV.; & nommément l'Auteur de la (feinte) apologie de ce Pape, & celui du Tartufe épistolaire démasqué; les personnes impartiales regarderont toujours la plus grande partie des Lettres, contenues dans le Recueil de M. de Caraccioli, comme le fruit de la plume de Ganganelli. Quelqu'un de ceux à qui ces Lettres furent écrites, a-t-il jamais réclamé contre leur pré-

de ce grand Pape, fait de main de maître. On trouve bien dans ce recueil, l'Oraison Funèbre de Clément, composée par l'ex-Jésuite, Bavarois Mattzell; mais ce Discours remarquable par une manière

tendue fuppofition ? Il eft très-fur que des Religieux de mon Ordre, ont fourni à M. de Caraccioli plufieurs Lettres de Clément XIV. Qui oferoit contefter à ce Pape, celles qu'il adreffa au Roi de France, à Madame Louife, Carmélite, & au Duc de Parme ? Qu'on ne penfe pas avec le Journalifte des Savans, que les Bulles & les Brefs des Papes font des ouvrages purement de ftyle qu'ils compofent rarement. Cette affertion eft vraie pour ce qui concerne les Bulles & les Brefs de la Pénitencerie, en matière Bénéficiale & de Difpenfes; mais elle eft abfolument fauffe, relativement aux Bulles & Brefs, qui traitent des affaires qui demandent une attention toute particulière : tels font le Bref de Clément XIV., portant fupreffion des Jéfuites, & ceux qu'il écrivit au Duc de Parme, & au Roi de France.

*naïve, qu'on n'avoit pas lieu d'at-
tendre de la part d'un membre
d'une Compagnie abolie par Clément XIV. n'annonce point l'E-
crivain diflingué par ces deux
grandes qualités de l'Orateur, l'har-*

Un Cardinal , aufli grand Évêque que
grand homme d'Etat, dont les ouvrages,
école de bon goût, ont enchanté les Mufes
par la majeftueufe nobleffe d'expreffion & par
la gracieufe délicateffe de ftyle qui les diftin-
guent; le Cardinal de Bernis a reconnu l'authen-
ticité & le mérite des vraies Lettres de Ganganelli par ces paroles émanées de fa bouche.
*Il m'a femblé, à la iecture des plus intéreffantes
de ces Lettres, entendre encore parler ce grand
Pape, avec qui je vivois dans toute l'intimité
de fa confiance.*

Mais fuppofons , pour un moment, que
toutes les Lettres attribuées à Ganganelli ;
foient une production de M. de Caraccioli,
auteur eftimable, comme moralifte, qui, n'en
déplaife à M. l'Abbé D. L. T., a bien mérité
de la Religion & de l'état Religieux , & ne
fera jamais confondu, par les perfonnes équi-

monie de l'élocution & la chaleur du style. L'Eloge Italien de Ganganelli dont je donne au Public la traduction Françoise, a réuni tous les suffrages de l'Italie ; on en a déja fait deux éditions. Ainsi, tan-

tables, avec les incrédules de nos jours ; un génie auffi fupérieur que Ganganelli, le Théologien (*) de Clément XIII., un Confulteur du Saint-Office, un Religieux, la lumière de fon Ordre, qu'il gouverna long-temps par fes confeils, quoiqu'il ne voulut jamais être élevé au Généralat ; un Cardinal, qui, par fes talens s'étoit concilié la bienveillance & l'eftime des Rois d'Efpagne, de Portugal, & de tous les Princes de la Maifon de Bourbon, n'étoit-il pas en état de compofer des Lettres, qui égalaffent en mérite litteraire & moral, celles qu'on veut qui paroiffent fous fon nom ? Qu'importe d'ailleurs à la gloire de Clément, qu'il en foit, ou n'en foit point l'auteur ? Il n'en fut pas moins grand Pape & grand Prince ; & ce *bon*

(*) On vient d'imprimer à Venife de favans traités de Théologie de Ganganelli.

dis que deux nations, l'*Allemande*
& l'*Italienne*, si fameuses par les
grands hommes qu'elles ont pro-
duits, s'empressent de rehausser par
leurs écrits les vertus de *Clément*;
la nôtre, qui ne céda jamais à
aucune autre, en quelque genre de
mérite que ce soit ; la nation *Fran-*
çoise, qui fut, si je puis m'exprimer de cette sorte, l'idole de *Gan-*
ganelli, se contentera-t-elle d'être
oisive admiratrice de cet illustre
Pontife ? N'encouragera-t-elle pas
plutôt par de justes récompenses

Cordelier, que son Apologiste, disons mieux,
son Critique suppose, avec autant de mali-
gnité que de fausseté, *inconnu jusqu'au temps*
que M. de Caraccioli fût éditeur de ses Lettres,
sera toujours recommandable aux yeux de la
postérité, par tout ce qu'il a fait pour le bien
de l'Eglise & de son Etat.

les héros de la belle littérature à célébrer ce digne ami du nom François ?

Pour moi, je n'ai entrepris de traduire son Eloge, que par le seul motif de l'espèce de gloire que je trouverois, à l'exemple de l'Auteur, à donner, s'il étoit possible, un nouveau dégré d'immortalité à un Pape, l'éternel honneur de l'espèce humaine, & particulièrement de mon Ordre.

Quoique je ne prenne ici que la qualité de Traducteur de cet Eloge, j'ose néanmoins avancer qu'il m'appartient en société avec l'Auteur anonyme, qui ne m'en a fourni que les premiers traits. J'ai eu soin xviij AVERTISSEMENT

de le dégager de plufieurs répéti-
tions inutiles ou défectueufes, &
d'une foule de concetti fi familiers
aux Italiens, infiniment eftima-
bles d'ailleurs, par toutes les ri-
cheffes de l'imagination. J'ai fup-
pléé en plufieurs endroits au défaut
de tranfitions & de liaifons dans
le ftyle, & à bien des réflexions
que l'Auteur n'auroit pas dû taire.
Enfin, j'ai tâché de corriger une
redondance, un entortillage qui
l'embarraffoient, un certain ton
fimplement narratif, peu affortif-
fant à un Eloge.

Cet Ouvrage, beaucoup plus
intéreffant que la vie de Ganganelli, par Mr de Caraccioli, ref-
pire un air de littérature étrangère,

qui ne *ſauroit* manquer de plaire à nos amateurs. *Je* me croirai *ſurabondamment* récompenſé des peines que j'ai priſes pour faire reſſortir les beautés de mon Original, s'ils daignent en agréer la Traduction.

IN OCCASIONE
CHE FU FATTA PER ORDINE
DEL SIG. DUCA
DI GLOCESTER
LA STATUA

DI CLEMENTE XIV.

SONETTO.

Ecco felice faſſo, ove un tuo figlio
Scolpì, o Britannia, con mirabil arte
L'Eroe, che unite le già rotte ſarte
Siede nocchier del Galileo Naviglio.

Vè come gli traſpirano dal ciglio
Le virtù, che acquiſtò ſu dotte carte]
E quelle, che il ciel largo a lui comparte]
Sublimi idee di magiſtral conſiglio.

Forſe la nave tua per l'onda infida
Or non andrebbe in ſentier dubbio e torto
Se aveva un tempo queſt Eroe per guida;

Ma V'è ſperanza ancora, a ſuo conforto
L'erranti vele al grand CLEMENTE affida;
Fugge le ingrate ſirti, e torna al porto.

TRADUCTION

d'un Sonnet Italien,

Fait à l'occasion de la Statue que le
Duc de Glocester fit ériger
à CLÉMENT XIV.

SONNET.

Voyez fils d'Albion, voyez ce marbre heureux;
Il est fier de montrer le portrait de ce Sage,
Qui du Vaisseau du Christ Pilote courageux,
Rétablit les agrès abatus par l'orage.

Admirez d'un ciseau le travail merveilleux;
Tous les traits réunis de ce divin ouvrage,
Peignant de ses vertus l'éclat majestueux,
De son âme sublime expriment le langage.

Angleterre, ta nef à l'abri du danger,
Des flots tumultueux pourroit se dégager,
Si ce Héros un jour en devenoit le guide.

Ranime ton espoir; dans un Port assuré,
Clément dirigera ton Navire égaré,
Et saura l'éloigner de tout écueil perfide.

ÉLOGE

ÉLOGE
DU PAPE
CLÉMENT XIV.

LES grands hommes font nés
pour l'immortalité : leur réputation vole de génération en
génération, & fait retentir tous
les fiécles de leurs louanges : le
monde, qui pour les âmes viles
n'eft plus qu'un théâtre où tout
difparoît à la fin d'une fcène,
n'eft rien moins pour les premiers qu'un grand champ femé
de palmes & de trophées, que
le temps même femble refpecter.
La mort, pour les hommes ordinaires, eft un abîme de malheurs
où leur nom va fe perdre avec

A

leur frêle argile. Mais il n'en eſt
pas de même des grands hommes ; la mort devient pour eux
l'occaſion d'un ſurcroît d'honneur , que l'humanité ſe fait
ſur-tout un devoir de leur rendre comme un tribut de ſa re-
connoiſſance , loſqu'ils ſont hors
d'état d'éclairer le monde , &
de répandre ſur lui de nouveaux
bienfaits. Il arrive néanmoins ,
que leur gloire eſt quelquefois
ſujette à des criſes funeſtes &
très-déſavantageuſes, & qu'elle
eſt, ou totalement éclipſée ſur
la terre, ou du moins qu'elle
ne paſſe pas dans toute ſa ſplen-
deur à la poſtérité ; & c'eſt lorſque l'envie non contente de
noircir leurs actions mémora-

bles, ose encore distiller son mortel venin sur leurs vertus les plus distinguées.

Nous savons bien que nous vivons à présent dans un siècle, qui plus que tout autre porte ce caractère de dépravation; siécle où la justice, la religion, le zèle dépouillés de tout leur pouvoir, voient l'impiété soutenue par la cabale, & encouragée par les nouvelles doctrines, se porter aux plus horribles attentats; siècle enfin où la calomnie, sans craindre d'en être censurée, étend son voile noir sur la conduite de ces hommes magnanimes, qui peuvent s'appeller à juste titre, les vrais bienfaiteurs du genre humain. Parmi ces

hommes d'un fi rare mérite ;
quiconque a vécu quelque temps
avec nous , a dû fans doute en
admirer un qui , placé par le
fouverain Modérateur de toutes
chofes au plus haut dégré de la
hiérarchie Eccléfiaftique , a fu
dans le court efpace de cinq ans,
fe rendre , par la grandeur de
fes vertus & de fes talents , l'arbitre & la merveille de l'univers
tout enfemble. A ces mots , je
fens naître en mon âme l'idée
d'un grand Pape, je veux dire du
grand Clément XIVme de ce
nom. O nom immortel ! O
Clément ! O barbare mort qui
nous le ravit ! pourrois-je me
diffimuler ici combien il eft
difficile d'être le panégyrifte

d'un Pape devenu l'objet de la haine implacable d'un parti très-répandu & très-puiffant ? mais aurois-je l'âme affez foible & affez timide pour refufer mon encens à un homme qui fut le plus bel ornement du Sacerdoce & de l'Empire ? Non , rien ne fauroit contenir la noble ardeur qui m'enflâme. En vain les envieux auront la témérité de fe foulever & de décrier mon entreprife ; leur baffe jaloufie ne fervira qu'à donner un nouveau luftre à la gloire de Clément, les âmes honnêtes applaudiront au moins à mon effai , & m'en fauront quelque gré.

Qu'on n'attende pas de mon miniftère un de ces éloges où

l'Orateur , se proposant d'é-
blouir l'esprit & de charmer
l'oreille , étale , & souvent aux
dépens de la vérité , toutes les
richesses de son art. Celui que
je consacre à Clément est un
simple, mais juste hommage de
l'amour & de la gratitude que
nous devons à ce Héros qui fit
tant de merveilleuses choses à
notre avantage : j'aurois beau
faire valoir toute la pompe ,
tous les charmes de l'éloquence,
je succomberois toujours sous la
grandeur de mon sujet : je me
contenterai donc de tracer le
tableau des principales vertus
de Clément , & je m'attacherai
d'une manière invariable à un
seul point de vue , le fond de

zèle inépuisable dont sa grande
âme fut toujours ornée. Zèle
pour la félicité de l'Eglise : zèle
pour la félicité de son état.
Là nous admirerons le Pape;
ici nous admirerons le Prince.

I.

LE Dieu d'Israel qui, pour
confondre l'orgueil & l'ambi-
tion des hommes, avoit cou-
tume dans l'ancienne loi de ti-
rer de la charrue les Prophêtes,
des forêts les Légiflateurs, de
choisir parmi les Bergers, les
Patriarches, les fameux Capitaines & les grands Rois, s'est
encore plû de nos jours, à notre
grand étonnement, à retirer
l'illuftre Ganganelli d'un état

d'humilité , d'abjection & d'a-
baiſſement volontaire, pour en
faire le Chef ſuprême de l'E-
gliſe du Chriſt.

Qui lui eût dit, quelques années auparavant, lorſqu'après
avoir vu le jour parmi nous dans
un petit village hors du lieu d'où
il tiroit ſon origine , il fut
élevé dans ſon enfance par des
parens vertueux & diſtingués
par leurs alliances , mais peu
favoriſés des biens de l'injuſte
fortune, ces biens ſi ſéduiſants,
qui paroiſſent , & à nos propres
yeux , & à ceux des autres ,
nous offrir aux hommages de
l'humanité; lorſqu'ayant atteint
l'âge des grandes paſſions , cet
âge où l'on ne cherche qu'à s'a-

muſer ou s'étourdir ſur ſes devoirs, je veux dire, l'adoleſ-
cence, ſa ſageſſe ſemblant croî-
tre avec le nombre de ſes années, il ſe conſacra à Dieu dans
l'ordre du patriarche d'Aſſiſe,
ſe rempliſſant, à l'ombre de cette
ſacrée retraite, de l'eſprit du
grand François, & ſe livrant
tout entier aux pénibles auſté-
rités d'une vie pénitente ? Qui
lui eût dit alors qu'il viendroit
un jour où il verroit les nations & les peuples proſternés
à ſes pieds ; où il paroîtroit dans
le Vatican avec le front ceint
de l'auguſte tiare, & s'aſſiéroit
dans la grande aſſemblée des
Pères, pour donner des loix à
l'univers ? Dieu immortel ! Que

vous êtes incompréhenſible dans vos jugements ! Que vous êtes impénétrable dans vos voies !

La condition déſavantageuſe de Ganganelli, au milieu des différentes viciſſitudes qu'il de-voit éprouver, dans la plus gran-de partie de ſa vie privée ; le ſouverain mépris qu'il avoit pour lui-même , pour le monde & ſes vains attraits, ne lui per-mettoient aucunement de ſon-ger à l'élévation qui l'attendoit; mais, comme s'il eût lu ſon ſort dans les décrets éternels, il avoit commencé preſque dès ſa naiſ-ſance à ſeconder les ſecrets mou-vements que Dieu imprime dans l'âme de ces hommes rares & privilégiés, qu'il conduit toujours dans les droits sentiers des vertus, après les avoir prédestinés aux entreprises les plus héroiques sur la terre. C'est par ces nobles voies, & non par les voies tortueuses & détournées, ou de la naissance, ou de l'intrigue, ou des richesses, que Ganganelli parvint aux plus hautes dignités de l'Eglise. Déjà les plus grands hommes de l'Europe avoient admiré en lui le rare assemblage des plus excellentes qualités ; un esprit pénétrant, lumineux, sublime & fécond ; une âme grande, extrêmement avide d'acquérir tout à la fois les sciences divines & humaines ; le plus fort & le plus ardent entousiasme pour ce qui pouvoit étendre la sphère de ses talents ; un cœur, le siège de toutes les vertus, une piété tendre, un zèle aussi infatigable qu'éclairé, une naturelle compassion pour les misères d'autrui qui lui faisoit souvent répéter ces belles paroles d'un grand Empereur (*) : *Je ne saurois désirer mon élévation, que pour le doux plaisir que je goûterois à accabler de bienfaits mes semblables.* Frappé vivement à son tour de la supériorité de ses talents, & de l'héroïsme de ses vertus, Rezzonico l'avoit déjà décoré de la pourpre. Tout sembloit prouver indubitablement que Ganganelli étoit au plus haut

(*) Antonin le pieux.

point de fa brillante carrière.
Mais vous aviez réfolu, ô mon
Dieu, d'en faire un jour le
magnanime & l'invincible exé-
cuteur de vos plus grands deffeins; vous le deftiniez à des dignités encore plus éminentes:
Rome, contre toute attente,
devoit voir un jour dans fa per-
fonne le fouverain Sacerdoce
uni à la Principauté : le ciel, qui
devoit l'en revêtir pour mettre
le comble à la gloire de l'un,
& affermir en même temps
l'autre, vouloit apprendre à
tout le monde, qu'il fait cou-
ronner de fes mains la vertu,
même dès cette vie.

Mais pourquoi falloit-il que
le Pontificat de fon prédéceffeur

fût marqué par les divifions &
les difputes les plus éclatantes ?
Dans ces temps orageux, qu'elles
étoient les allarmes de l'époufe
fans tache du Chrift ? La France,
l'Efpagne , le Portugal, Naples
& Parme , avoient , mais en
vain , mis tout en œuvre pour
obliger Clément XIII. de renverfer entiérement cette plante
étrange , dont la tige fuperbe
élevée au-deffus de toute hau-
teur, étoit parvenue à couvrir
de fon ombre la plus grande
partie de la terre. Mais parlons
fans figure. Le refus conftant du
Pape d'abolir la Société de Jéfus , cette Société fi chère à fon
cœur, avoit tout rempli de con-
fufion. Ses Nonces étoient de-

puis quelques années dans une
totale inaction ; un d'entr'eux
avoit été chaſſé juſqu'aux con-
fins d'un royaume que nous ne
nommerons point. On voyoit
les tribunaux les plus reſpecta-
bles de Rome, dans les cours
étrangères, fermés ; toutes les
affaires ſurſiſes ; la correſpon-
dance intérieure interrompue ;
l'ancienne harmonie entre Rome & la plûpart des Princes lan-
guiſſante ; toutes les loix ſans
nerf ; tous les ſyſtêmes dérangés:
non ſeulement, on ne remar-
quoit plus entre les fideles &
leur père commun cette cor-
dialité, cette ſincère confiance
qui doit les unir par des liens
indiſſolubles ; mais deux Mo-

narques indiſpoſés contre le Saint-Siége avoient encore fait occuper par leurs troupes une partie de ſes états. S'ils en étoient enfin venus à ces bruyantes voies de fait , c'eſt qu'ils vouloient le contraindre à donner ce Décret , devenu depuis ſi long-temps l'objet de leurs vœux, Décret qui , ſupprimant une Société trop fameuſe & trop puiſſante, promettoit une paix ſans fin à toute l'Egliſe , & à l'univers entier une parfaite ſécurité.

Laiſſez-vous enfin fléchir tendre & généreux Rezzonico ! accourez , venez remédier aux maux ſans ceſſe renaiſſants l'un de l'autre qui affligent l'Egliſe ! non ,

non, il n'y remédiera point. Ce vertueux Pontife toujours grand par lui-même, mais affujetti conftamment à des Miniftres fans intelligence & pouffés par l'efprit de parti, ne ceffera d'oppofer aux demandes réitérées des Princes une réfiftance hors de faifon ; ainfi la barque de Pierre fera toujours plus battue de la tempête. Ah ! n'eft-ce pas dans ces temps nébuleux, que les portes impies de l'enfer fembloient avoir confpiré fa perte, & juré d'augmenter de plus en plus entre le Sacerdoce & l'Empire, les déplaifirs & les dégoûts ? N'eft-ce pas encore alors que la Société de Jéfus reçut le coup le plus funefte de cette ample Bulle extorquée à Rome qui, en la comblant d'éloges inexprimables, la confirmoit pour jamais; tandis que plusieurs Souverains demandoient sa suppression avec la plus vive instance?

Dieu tout-puissant! Quel autre que vous pourra garantir notre sainte religion d'un schisme tout prêt à éclater! Quel autre que vous pourra préserver Rome des plus grands malheurs! Vous aviez résolu de l'en préserver en effet, mais auparavant vous vouliez appeller à vous ce foible Chef, qui ne tenoit plus que d'une main tremblante les rênes de l'Eglise. Ah! que sa mort étoit bien propre à pro-

duire dans l'esprit de son successeur les idées les plus affli-
geantes & les plus sinistres, à le
remplir d'effroi, à reculer son
élection. O désirable élection!
O moment précieux! Tu devois
décider du sort de l'Eglise.

L'état déplorable où se trou-
voit réduite cette sainte épouse
du Nazaréen, avoit fixé sur elle
tous ses regards; il avoit senti
qu'il falloit un homme plus ferme que Rezzonico, pour appai-
ser promptement la furieuse
tempête, qui alloit engloutir le
navire apostolique; une main
plus habile & plus expérimentée
que la sienne pour le reconduire
au port tranquille de la paix;
un homme qui, ravi en esprit,

comme faint Paul, jufqu'au troi-
fième ciel, s'y pénétrât d'une
lumière fupérieure & toute divine, qu'il répandît enfuite ici
bas dans le fein de ces âmes gé-
néreufes qui feroient affociées à
fa gloire ; un homme qui , me-
furant avec la plus févère équité
les limites du Sacerdoce & de
l'Empire, fût en conferver les
droits refpectifs dans toute leur
intégrité ; un homme qui , revêtu d'une intrépidité plus qu'humaine , fe déterminât à abattre
enfin toutes les têtes de cette
hydre (*) qui avoit toujours
défarmé tous les bras , & intimidé tous les cœurs ; un homme
fage , prudent, vertueux, c apa-

____

(*) La Société d'Iguace.

ble non seulement de connoître les moyens les plus efficaces & les plus sûrs pour l'exécution de ses desseins, mais encore d'en prévenir, d'en surmonter toutes les contrariétés, tous les obstacles ; un homme enfin dégagé de tout sentiment d'amour propre, d'un esprit supérieur, qui ne craignît point de s'exposer aux plus grands dangers, afin de faire reluire sur le ciel de l'Eglise le bel astre de la paix. Mais qui pouvoit être cet homme d'une vertu si prééminente, si prodigieuse ; cet homme d'un si grand zèle, de cette constance à toute épreuve ? Vous aviez arrêté dans vos conseils, ô mon Dieu ! que ce seroit le Grand

Clément ; vous l'aviez préde-
ftiné pour cette gloire , & il ré-
pondit parfaitement à fa voca-
tion.

Rezzonico venoit de terminer le cours d'un Pontificat rempli d'amertumes. Déjà le Sacré-
Collège entre au Conclave , les
Sages d'Ifrael s'affemblent pour
fe donner un nouveau Chef. Le
Cardinal Ganganelli porte à
cette affemblée une âme libre
de tout engagement , exempte
de diffimulation & de tout efprit de cabale , une âme inac-
ceffible à la prévention : toujours renfermé dans fa petite
cellule, il ne ceffe de prier en
filence le Père des lumières de
vouloir donner à l'Eglife un

Pontife qui, plus diftingué par
l'éclat de fes vertus que par celui de fon rang, foit un des plus
dignes fucceffeurs du prince des
Apôtres. Bien loin d'ambition-
ner ce premier trône de l'univers, il demande au ciel de le
laiffer inconnu dans fon néant :
mais le ciel même en avoit au-
trement difpofé ; c'eft fur lui
qu'il jette les yeux ; c'eft à lui
qu'il fait entendre fa voix, en
développant tout-à-coup à fon
âme toutes ces idées, ce fecret
preffentiment de fa grandeur
à venir, qu'il avoit fi fouvent
éprouvé, lorfque, retiré du
commerce du monde, il jouif-
foit de toutes les douceurs de la
vie religieufe. Qu'il eût fait beau

l'entendre dans ſes entretiens intérieurs avec ſon Dieu ! Il ne s'obſtine point contre ſa ſouveraine volonté, il ne fuit point, comme Jonas, ſa divine préſence, mais il lui dit comme Moïſe ſur la montagne : eh ! qui ſuis-je, Seigneur, pour que vous m'employiez à une ſi grande entrepriſe ? *quis ſum ego ut vadam ?* Mais ſi ſon cœur eſt ſaiſi d'une ſainte frayeur, il s'arme tout-à-la-fois d'un noble courage, il répète avec Iſaïe, voici, grand Dieu, votre inutile ſerviteur, diſpoſez de lui ſuivant votre bon plaiſir, *ecce ego, mitte me.* Dans ce temps de trouble & de calamité, je ſens bien que le gouvernement de l'Egliſe n'a point

de

de proportion avec l'extrême
fragilité de la nature humaine ;
je suis convaincu qu'il surpasse
infiniment ma foible portée ;
néanmoins, ô mon Dieu ! je n'ose
m'opposer à vos desseins ; & si
le sacrifice de ma chétive vie
vous est agréable, je le fais vo-
lontiers pour la paix , pour la
félicité de l'Eglise. A ces mots,
il me semble voir le grand
Ganganelli s'incliner & courber
humblement sa tête, en témoignage de sa soumission à la volonté de son Dieu , consentir
d'être revêtu du Pontificat. En
effet , quoi de plus convenable, que cet Être suprême, qui
donne la vie & l'âme à tout, qui
répand les rayons de ses lumiè-

C

res dans les esprits , qui remue tous les cœurs à son gré , fît tomber le sort de l'Eglise, dans les plus grands de ses périls , entre les mains d'un des plus grands hommes qui fut jamais ! Heureuse année qui donnâtes au troupeau apostolique le Cardinal Ganganelli pour gardien & pour chef , vous serez marquée d'une manière bien glorieuse pour lui dans les annales de l'Eglise ! Comme l'arc-en-ciel est le fidele avant-coureur du beau temps , ainsi l'élévation de ce vertueux Pontife annonça l'heureux retour de la paix entre le Sacerdoce & l'Empire ; il fut pour la maison d'Israël cet heureux arc-en-ciel , qui lui présageoit, après l'orage, les jours les plus purs & les plus féreins.

O le beau ! ô le charmant fpe-
cacle , qu'offrit aux yeux de l'univers l'élection de Clément ! On eut dit qu'un mouvement extraordinaire s'étoit emparé tout-à-coup de l'efprit des perfonnes de tout âge, de toute condition, de tout fexe, & por-
toit dans leurs cœurs le fenti-
ment de la joie la plus vive. Le doux nom de frère Laurent Ganganelli , changé déformais en celui de Clément XIV. re-
tentiffoit partout avec raviffe-
ment; à peine l'eut-on prononcé pour la première fois, que l'humanité fembla s'être retirée du profond abîme de fes malheurs.

C 2

L'Eglife devoit fur-tout prendre part à l'allégreffe publique, aux applaudiffemens communs. Quelles puiffantes reffources lui préfentoient dans fa difgrace la fublimité & la hardieffe du génie de Clément, la grandeur de fa conftance, ce courage à le roidir contre toutes les difficultés ! N'eft-ce pas à l'heureux inftant de fon élection, qu'elle s'abandonne entièrement à fa conduite, & que cette époufe toute en pleurs, & le plus fenfiblement affligée, lui tend les mains, en lui adreffant ces paroles ? « Paix, ô Clément, paix ! » c'eft de toi que j'attends le » bienfait le plus ineftimable, » celui de ma paix. » A cet af-

pect si étrange, Clément sent
ses entrailles émues , son âme
s'aggrandit & devient en quelque
manière immense ; il proteste à
son Dieu de s'immoler entièrement & à jamais au bonheur de
l'Eglise ; de veiller avec une application particulière à ses intérêts ; de s'occuper sérieuse-
ment à réformer les abus, à rendre aux mœurs toute leur pureté ; d'examiner , d'approfondir
les moyens qui pourroient le
conduire à l'exécution du haut
dessein qu'il a conçu ; de rappel-
ler tout le monde à cette ancienne union des cœurs des
siècles d'or de l'Eglise , dont le
Saint - Esprit nous fait l'éloge
dans les fastes apostoliques. O

C 3

la sacrée protestation! ô la pré-
cieuse sollicitude!

Mais comment se flatter de
réconcilier Rome avec les Souverains outragés, tandis que la
funeste expérience du passé ne
promettoit de la part de ceux-ci
que la plus sévère infléxibilité ?
Un infortuné pilote, dont le
vaisseau, ses antennes & les cor-
dages de ses voiles brisés, flot-
teroit durant la nuit la plus obs-
cure au gré d'une mer courrou-
cée, seroit sans doute dans un
état moins fâcheux que celui
de Clément XIV, à son avénement au Pontificat. De quelque
côté qu'il porte ses regards, soit
au dedans, soit au dehors de la
vaste étendue de sa domination

fpirituelle, il ne voit par tout qu'agitation. La patience des Monarques injuſtement écon-duits par Rezzonico alloit bien-tôt ſe changer en colère, & pro-duire l'incendie le plus violent; un noir tourbillon parcouroit déjà le ciel de Rome, & répan-doit l'épouvante dans cette Mé-tropole du monde chrétien. La France faiſoit éclater ſon mé-contentement de l'injure qu'elle avoit reçue dans la perſonne d'un jeune Prince, qui lui étoit plus cher par les excellentes qualités qui embelliſſoient ſon âme que par les liens du ſang: l'Eſpagne étoit encore plus ai-grie que la France, par les im-portants motifs qui étoient connus à tout le monde : le Portugal voyoit de mauvais œil les égards pleins d'affectation que Rome prodiguoit à ces fiers ennemis de sa couronne, qu'il avoit humiliés dans ses états : Naples entraînée par les loix de la proximité, menaçoit d'étendre la fureur de ses armes dans les terres du Saint-Siège : la Pologne avoit déjà formé le plan de diminuer dans ses domaines les privilèges des Nonces & l'autorité des Papes : Rome enfin à son tour se plaignoit amèrement que ses droits les plus respectables étoient devenus la proie des étrangers...... Dieu immortel ! eh ! comment l'Eglise pouvoit-elle ne pas suc-

comber à tant de revers ! Le
tendre Clément fent bien tout
le danger de fa fituation, il dé-
plore, dans le fecret de fon âme,
fon trifte fort, fes larmes cou-
lent en abondance ; mais il ne
s'arrête point à des larmes fouvent ftériles & impuiffantes : il
fait un noble effort fur lui-même,
& uniffant l'activité de fon zèle
aux prières & aux vœux qu'il
adreffe au ciel pour la réuffite de
fes projets, il fe hazarde auffi-
tôt d'apporter aux maux qui
défolent l'Epoufe de Jéfus-
Chrift le remède après lequel
elle foupire depuis fi long-temps.

Les obftacles qu'il rencontre
au commencement de fes fca-
breufes négociations euffent pu

ébranler l'homme le plus intrépide. Mais jamais le cœur de
Clément ne se laissa entâmer;
il débute d'abord auprès des
Princes offensés, par des lettres
où brillent également la religion, la raison & la vérité; &
sans autre assistance que celle de
ses lumières & de sa vertu, il
parvient à faire face à tout, à
surmonter tout. En vain l'ingénieux François, le prévoyant
Espagnol, le profond Portugais,
le véhément Napolitain lui
opposent tous les charmes,
toutes les richesses de leur esprit.
Toujours égal à lui-même, le
prudent, le zélé Ganganelli,
sans manquer à ce qu'il doit à
son état, sans préjudicier aux

prérogatives de l'Eglife , en paroiffant condefcendre à leurs volontés , s'infinue infenfiblement dans leur cœur. Bientôt par les nouveaux refforts de la plus habile & de la plus faine politique , dans des temps de diffention , il obtient des Souverains irrités, ce qu'ils n'accorderent jamais à d'autres avant lui,dans des temps plus heureux d'amité , d'alliance & de paix.

La puiffance temporelle faifoit profeffion autrefois d'être fi parfaitement devouée au Saint Siège , qu'il lui fuffifoit de favoir que Rome , cette reine des nations eût parlé , qu'elle eût donné une Bulle , porté quelque Décret , pour qu'elle s'empreſſât de les recevoir & de les exécuter avec l'obéiſſance la plus humble & la plus aveugle, ſans en balancer aucunement les motifs. Les Princes de nos jours plus experts, & peut-être un peu trop vigilants, un peu trop éclairés ſur les démarches de la Cour de Rome, afin de reſſerrer ſa puiſſance dans des bornes plus étroites, ont ſoumis toutes les loix qui en émanent à l'examen le plus rigoureux Perſonne n'ignore à quelle bruyante criſe fut expoſée, après deux ſiècles d'exiſtence, la Bulle *in cœná Domini*, ſous le pontificat de Clément XIV. Avec quelle admirable prudence ce Père commun fut-il allier, dans une conjoncture si délicate, l'autorité de l'Eglife avec les intérêts des Princes ! Il avoit, fans doute, du zèle pour celle-là, mais un zèle fi difcret, que fans perdre de vue fes droits, fans dégrader fa dignité, il favoit toujours fe concilier la bienveillance de ceux-ci, & donner au Trône un nouvel éclat. *On fe trompe grandement*, difoit l'Ambaffadeur d'une Cour, *fi l'on s'imagine que Clément XIV. foit un Pape d'une humeur fort pliable & fort docile ; nous avons été témoins de fon infléxibilité dans plus d'une occafion ; & quelque chofe qu'on lui propofe, il ne s'y détermine jamais, fans y avoir mûrement réfléchi.* Ganganelli fut toujours le plus complaiſant de tous les hommes ; mais de cette complaiſance qui n'admet jamais la moindre foibleſſe, mais de cette hcnnête complaiſance qui, ſans entêtement ni fierté, s'accommode aiſément aux volontés d'autrui. *J'irai bien*, écrivoit-il à un Souverain , *pour vous faire plaiſir , juſqu'aux portes de l'Enfer , mais je n'y veux point entrer.*

Le diſcernement le plus rare & le plus exquis lui avoit fait comprendre de bonne heure, qu'un Pape doit mettre au rang de ſes devoirs les plus ſacrés, celui de vivre dans la plus parfaite intelligence avec les Princes, qui ne tiennent que de Dieu ſeul,

une autorité qu'il leur a confiée,
pour le bien commun des peuples. Le Prêtre Souverain &
éternel l'avoit encore inftruit,
que le Sacerdoce doit furmonter la force des Potentats du
monde par l'humilité & par cette attrayante vertu, le germe &
le plus bel ornement de toutes
les autres, la douceur, l'affabilité qui nous affervit tous les
cœurs ; qu'il doit employer
plutôt, dans des temps fâcheux,
les larmes & les prières, que ces
coups d'autorité, ces menaces,
ces foudres enfin du Vatican fi
communs dans les fiècles d'ignorance & de barbarie, mais moins
fréquents dans ces deux derniers
fiècles, vrais fiècles de lumière

& d'humanité. Convaincu que le pouvoir des clefs donné par Jefus-Chrift à fes Vicaires fur la terre, n'eft pas un pouvoir de vaine oftentation, il ne fe diffimuloit point l'énorme abus qu'en firent quelques-uns d'entr'eux d'un caractère trop inflexible ; abus qui, les couvrant d'un opprobre éternel, (*) fut pour l'Eglife la fource féconde des maux les plus irréparables ; auffi ne pouvoit-il tarir fes larmes fur la perte que fit autrefois cette tendre mère des plus chéris de fes enfans, de tant de Villes, de tant de Provinces,

____

(*) Je ne prétends point contefter à nos Pafteurs le droit de lier & de délier, je veux feulement infinuer qu'ils doivent en ufer avec la plus grande économie.

de

de tant de beaux Royaumes.
O Angleterre, fi ton Henri
avoit régné fous le Pontificat de
Clément XIV...! ce fouvenir
amer lui infpira cet efprit de
modération qui, préfidant à
toutes fes démarches, le rap-
procha de ces Souverains qu'on
avoit trop imprudemment of-
fenfés, d'un Prince tout prêt à
rompre l'unité. Clément le per-
fuade, que dis-je, il attendrit
fon cœur. Bientôt dans le plus
redoutable ennemi de Rome,
il trouve le plus généreux défenfeur de fes droits.

Après cette éclatante victoire,
quelle affaire plus épineufe eût
pu l'embarraffer ! Seroit-ce les
négociations les plus importan-

•tes ? mais il en soûtient le plus
dignement tout le poids. Seroit-
ce l'étroite réunion du Sacerdoce & de l'Empire ? mais, sans
autre conseil que celui de sa
prudence & de son cœur, il en
concevra le projet ; bientôt il
le verra couronné du plus heureux succès. Seroit ce enfin le
nombre infini d'instances & de
difficultés, que lui opposent les
Souverains les plus sages & les
plus éclairés ; les Ministres de
trois vastes Monarchies les plus
habiles & les plus expérimentés
dans la politique ? mais il y
répond avec autant de célérité
que d'adresse. Il suffisoit de vivre
à Rome, au temps de Clément,
pour s'appercevoir d'un flux &

reflux continuel d'Ambassadeurs
& de Courriers des Cours au
Vatican , & du Vatican aux
Cours. O vous dont les talents
pour le ministère ont été con-
sacrés par le suffrage de toutes
les nations ; Bernis , Aspuru ,
Almada , Orsini , dites-nous
combien les affaires sérieuses
qu'on portoit à son tribunal
étoient au-dessus des efforts des
plus grands hommes de son siècle; combien elles eussent été
capables de lasser l'esprit le plus
âpre au travail. En serions-nous
surpris ? La magnanimité de son
cœur, le divin enthousiasme qui
l'enflammoit pour la prospérité
de l'Eglise , developpoient en
lui ces hautes qualités qui le

rendoient auſſi propre à com-
biner qu'à exécuter les plus
grandes choſes.

Vous connûtes enfin la vraie
magnanimité , la profonde &
univerſelle capacité de Clément , vous lui rendîtes hommage , grands Rois & grands
Miniſtres , qui eûtes des intérêts
à partager avec lui , vous ſe-
condâtes pleinement les plus
chers déſirs de ſon cœur , vous
lui jurâtes amour , ſoumiſſion ,
fidélité. Mais d'où pouvoient
lui venir la vaſte étendue de ſes
connoiſſances , cette ſagacité ,
ces lumières ſupérieures , qui lui
firent ſi ſouvent prévenir les
penſées des autres & approfondir, ſans efforts, les objets les plus

impénétrables aux esprits les plus clairvoyants ? Ne surpaſ-ſoient-elles pas la ſphère de l'entendement humain ? Non, ce n'eſt pas un homme, c'eſt Dieu même qui m'a parlé juſ-qu'à préſent, diſoit avec em-phaſe, au ſortir d'une audience qu'obtint de Clément le fameux Ambaſſadeur d'un Souverain. Quel homme! quelle excellence de génie! s'écrioit encore après un ſimple entretien un Milord Anglois très-lettré, & auſſi par-tiſan des vrais grands hommes, qu'ennemi de la foi & de la vraie religion.

Mais tandis qu'il s'élevoit un concert général de louanges pour célébrer le grand Clément;

tandis que ses belles actions ne laissoient dans tous les cœurs d'autre sentiment que celui de l'admiration , on ne pouvoit concevoir sa manière toute nouvelle de traiter & de con-clure par lui-même les affaires. Son attention particulière à les couvrir du voile le plus épais, sembloit bannir toute espérance d'un changement dans le systê-me dominant des Cours , lors-que tout-à-coup on vit rouvrir presque en même temps les Tribunaux Romains dans plu-sieurs Royaumes ; rendre les Ministres de l'Etat Ecclésiasti-que à leur première activité ; rétablir avec honneur la Non-ciature, recevoir partout avec

estime les Décrets des Papes,
leurs différentes constitutions.
Or à qui doit-on attribuer la
gloire de ces importants événe-
ments ? N'est-ce pas, à l'incomparable prudence de notre Héros ? Ah ! qu'elle parut bien alors
dans tout son jour. Hâte-toi de
la célébrer par les fêtes les plus
brillantes, Rome, Cité chérie
de Dieu ! Et vous peuples de
Bénévent, d'Avignon & de
Ponte-Corvo, disposez-vous à
venir respirer à l'ombre depuis
long-temps perdue pour vous,
de la paisible tiare de Clément !
Déjà sa vertu, son zèle ont sur-
monté tout ce qui s'opposoit à
votre bonheur, la pierre d'a-
choppement est brisée ; déjà

Madrid , Naples , Lisbonne &
Versailles donnent les ordres les
plus favorables à vos vœux ;
déjà les armes Papales sont réar-
borées parmi vous ; déjà le paci-
fique Clément XIV. a triomphé
de la colère des Souverains ;
déjà la fâcheuse discorde , le
plus vif ressentiment contre la
Cour de Rome , ont fait place
dans leur cœur au dévouement
le plus respectueux.

Une si étrange révolution
pouvoit-elle ne pas surpasser
toute attente ? Comment l'Europe auroit-elle pensé qu'il viendroit un jour où Louis XV. en
France, Charles III. en Espa-
gne, Joseph I. en portugal , &
les deux Ferdinand des Siciles

&

& de Parme s'uniroient au Chef visible de l'Eglise par les liens les plus doux, & en même temps les plus forts? N'est-ce pas, je le répéte, n'est-ce pas à Clément que la gloire de ce jour mémorable devoit être réservée? Que pouviez-vous faire de plus, Seigneur, que de mettre notre destinée entre les mains d'un homme, dont les conseils étoient pour nous autant d'oracles, dans les circonstances d'une desolation presque générale? Hélas en quel état funeste voyions-nous le vrai peuple de Dieu! Toutes les rues de Sion n'étoient remplies que de deuil, ses ennemis triomphoient jusque dans le Sanctuaire; mais il s'est élevé

E

un Prophète en Ifrael, il a combattu, il a vaincu, il eft devenu l'arbitre, le confident & l'ami de ceux-même qui lui étoient les plus oppofés; la gloire de Sion a repris tout fon luftre.

Rome! Tu fus autrefois accoutumée à toute la folemnité des triomphes, à toute la pompe des fpectacles! Celui que vient de donner à l'univers le reftaurateur de tes droits & de tes privilèges; celui de ton alliance avec les Princes, que fa main habile, que fa fuprême fageffe ont défarmés, fera-t-il moins remarquable aux yeux de la poftérité? Ah! C'eft en ce jour fortuné que le vénérable Vatican portant tout-au-tour de lui un re-

gard majeſtueux, dans le tranſport de la joie qu'il reſſent d'avoir
recouvré ſon ancienne ſplen-
deur , peut dire , en montrant
ſon Pontife ; « voilà le Grand-
» Prêtre ſelon le cœur du Sei-
» gneur, voilà l'arbitre de ſa vo-
» lonté, voilà l'Ange de la paix».

Ici la gloire de Clément va
ſe montrer entièrement à décou-
vert. Tandis que l'Ebre , la
Seine & le Tage joyeux reten-
tiſſent des éloges qu'on lui donne; tandis qu'il contraéte une
alliance ſacrée avec ſon très-
cher fils en Jeſus-Chriſt, le Prince des Aſturies , ſa haute réputation vole de l'un à l'autre hé-
miſphère , & lui concilie en
même temps les profonds hom-

mages de toutes les Nations.
Je t'en atteste, région autrefois
le siège de la bravoure, & aujourd'hui celui de la molleſſe,
Aſie, qui élevas un grand empire, qui donna des loix à la
plus grande partie de la terre!
N'eſt-ce pas parmi les Chefs de
tes peuples que je vois le Patriarche d'Aſſyrie, & le Primat
de Perſe renoncer, à la voix de
Clément, aux erreurs de Neſ-
torius; reconnoître une ſeule
perſonne en Jéſus-Chriſt, ren-
trer au doux giron de l'Egliſe,
en donnant à cette tendre Mère
les marques les moins équivo-
ques de leur prompte & ſincère
obéiſſance?

Et toi Royaume illuſtre, autrefois encore , une des plus belles portions de l'héritage du Seigneur , Angleterre , qui fus toujours l'objet de l'envie & de l'admiration du monde , quelle eſt ta vénération pour les talents & les vertus de ce grand homme ? Les deux auguſtes Chambres de ton Parlement, ne lui en donnent-elles pas les marques les plus éclatantes, dans ces Lettres reſpectueuſes , où après avoir offert à Clément , mais avec quelle inexprimable générofité , d'employer tous leur pouvoir à la défenſe de ſes Etats , elles ſemblent donner quelque rayon d'eſpérance de ſe rapprocher de la croyance de

E 3

Rome, de se réunir au centre de l'Unité ?

La gloire de notre Héros perce jusqu'au Danube, jusqu'aux forêts de la Transylvanie ; elle s'introduit dans les contrées Ottomanes, dans la Natolie, dans l'ancienne Ancyre ; le venin des hérésies d'Arius & d'Eutychès n'infecte plus l'esprit de ces peuples ; Clément les amene tous en triomphe aux pieds de la grande Epouse, pour lui payer sans cesse le tribut du plus parfait dévouement. Sa réputation se répand encore plus loin ; elle pénétre dans le vaste voisinage de la nation la plus barbare &

la plus irréligieuſe , la grande
Tartarie ; elle appelle des ténèbres de l'idolâtrie à la lumière
de la foi, le Roi de Tangut : on
eut dit que le bruit des exploits
d'Alexandre le Grand, en impo-
ſoit moins dans l'eſprit des peuples, que le ſeul nom de l'incomparable Clément.

Mais de combien de trophées
plus ſuperbes encore ne pou-
vons-nous pas orner ſon triomphe ? Une lumière ſi brillante
avoit demeuré trop long-temps
cachée ſous le boiſſeau, pour ne
pas paroître au grand jour , &
éclairer les Grands de la terre,
ainſi que les Petits. Un Monarque d'Occident , qui eſt ré-
puté à juſte titre, pour le plus bel

ornement du Trône par ſes rares
talents, par l'indicible profon-
deur de ſes connoiſſances, autant que par cet amour ſouverain pour la juſtice, qui vient de
lui dicter en faveur de ſes ſujets
un Code de loix, vrai chef-
d'œuvre de légiſlation, monu-
ment éternel de la plus haute
ſageſſe; ce Monarque, qui ſe fit
toujours une gloire & un devoir
d'eſtimer dans les hommes quel-
conques le mérite & la vertu,
ce Prince, des jugemens de
qui l'on n'appela jamais, ap-
prend la mort funeſte de Clément; ſon cœur eſt ſaiſi de la
plus vive douleur, il l'exprime,
mais avec quelle énergie, par ces
paroles bien dignes d'un Roi

philofophe ; *la mort de Clément prive le monde du plus grand des Papes : il étoit non-feulement la fplendeur des Papiftes , mais encore le héros du fiècle & le doux objet de fes délices.*

Que ce Pape écrive à ce même Prince , qu'il lui demande pour l'Archevêque de Prague , la permiffion de faire des Mandemens de réforme pour la portion fi tendrement chérie de fes ouailles , qui vivoient dans plufieurs endroits de fes Etats : la haute idée que Fréderic a conçu de Clément ; le prévient fi favorablement pour cet homme célèbre , qu'il lui permet avec la plus honnête complaifance , ce qu'il refufa conftamment à fes prédéceffeurs.

Mais quelle eft cette augufte Princeffe, qui vient offrir à fon tour fon encens à Clément ? C'eft l'invincible émulatrice de Pierre-le-Grand ; c'eft l'illuftre héroïne du Nord, qui par fa vertu feule, a le don de créer les Héros ; qui donne au monde autant de génies qu'elle a d'habitants dans la vafte étendue de fa Monarchie. A ces traits, pourroit-on méconnoître l'incomparable Catherine, l'Impératrice de Ruffie ? Elle avoit une eftime fi particulière pour Clément, que, fans s'arrêter à l'averfion & au dédain naturel de ſes ſujets pour l'Egliſe Romaine; elle lui permit, & le preſſa même par les lettres les plus obligeantes, d'envoyer au plutôt dans ſes Domaines un Prélat religieux, qui, aſſiſté de ſa ſuprême puiſſance, eût une entière inſpection ſur tous les Catholiques qui s'y trouvoient.

Ajouterai-je un nouveau rayon à la gloire de Clément ? Répéterai-je ce que diſoit un de ces hommes, qui ſont la fierté & la férocité même, l'Empereur des Turcs à l'Ambaſſadeur de Veniſe ? « Monſieur le » Baile, s'écrioit le Sultan, tout tranſporté d'admiration pour Ganganelli ; « ſi le ſiège de » Rome étoit toujours occupé

» par d'auſſi grands Pontifes,
» on verroit immanquablement
» tous les Patriarches Grecs, ſe
» réunir pour jamais à la com-
» munion Romaine. » Ombre
glorieuſe de Clément ! Ah !
Nous le voyons bien, que le
chaos immenſe qui nous ſépare
de vous, nous enleve la douce
eſpérance de la réunion de l'E-
gliſe Grecque à la Latine. Nous
l'avons perdue cette eſpérance,
oui, nous l'avons entièrement
perdue, & avec vous, avec le
meilleur des Pontifes Romains;
toute ſorte d'eſpoir s'eſt enſeve-
lie dans le tombeau, votre mort
déplorable a été pour nous le
coup de foudre le plus fatal !
Mais hélas ! que vais-je faire ?

Arrêtons, faisons un effort sur nous-mêmes pour calmer notre douleur, & n'abandonnons pas sitôt les traces de notre héros.

Que le monde s'empresse d'honorer un personnage distingué, ou par sa naissance, ou par son autorité; je n'en suis point surpris. La politique où l'intérêt particulier, dirigent bien souvent cet hommage. Mais qu'un simple Religieux, parvenu de l'obscurité d'un cloître au souverain Sacerdoce, en ne se proposant d'autre but que le bien & l'exaltation de l'Eglise, s'attire l'estime & la vénération de tous les Princes, & sur-tout de ceux qui font profession d'être les ennemis implacables de sa dignité & de sa croyance ; n'est-ce pas là l'ouvrage de cette excellence de vertu qui gagne, que dis-je, qui entraîne tous les esprits & tous les cœurs ? Telle étoit celle de Clément ; elle devoit le rendre à la fois & l'amour de tous les Souverains, & le héros de l'humanité.

Ah ! Qu'il est aisé de reconnoître l'impulsion véhémente de cette vertu, & d'un zèle le plus éclairé, dans cette instructive lettre encyclique qu'il écrivit à tous les Primats, Patriarches, Archevêques, & Evêques du monde Catholique ! En la lisant, on sent son âme se pénétrer du plus sacré respect pour ce grand homme ; on diroit

qu'il eut reſſuſcité ſous ſon Pontificat, ces jours heureux, où le
Tout-Puiſſant ſembloit ſe plaire
à parler immédiatement à l'o-
reille des foibles mortels, pour
leur communiquer ſa ſageſſe.
Quelle manière! Quel ton divin
prend-il dans cette lettre, lorſqu'il s'exprime ſur la ſublime
puiſſance des Princes, ſur leur
gouvernement, ſur leurs devoirs, tant envers leurs Peuples
qu'envers l'Egliſe, & ſur l'u-
ſage de ce glaive que Dieu leur
a confié comme à ſes Miniſtres!
Avec quelle nobleſſe repréſen-
te-t-il aux Sacrés-Paſteurs, l'in-
diſpenſable néceſſité de per-
ſuader à leurs ouailles, d'obéir
à leurs Souverains, non pour ſe

souſtraire aux peines qu'ils peuvent leur infliger, mais par un
motif de conſcience ; d'avoir
pour eux une crainte reſpe-
ctueuſe , accompagnée d'un
amour vraiment filial , & de
former enfin les vœux les plus
ardents au ciel pour leur con-
ſervation, pour leur proſpérité!
Avec quelle force encore s'ex-
prime-t-il ſur les avantages de
la paix & de la charité chrétienne ! Brillante lumière de l'Italie,
célèbre Febronius! Venez mé-
diter ſur cet ouvrage , rempli
d'une doctrine toute céleſte,
prodige inoui d'éloquence !
Bientôt vous vous extaſierez ,
vous ne pourrez vous empêcher
de dire , que depuis Léon le
Grand ,

Grand, la chaire de Pierre ne
fut point occupée par un Pontife aussi sage que Clément;
vous ajouterez qu'il immorta-
lise son siècle par ses rares qualités. Or je le demande, n'avons-
nous pas lieu de faire une ré-
flexion qui se présente d'elle-
même? Si la considération dont
jouissoit Clément, s'étoit élevée
à un si haut période, lorsqu'il
ténoit à peine les rênes de la
Monarchie Ecclésiastique, de
quels avantages, grand Dieu,
de quel accroissement n'eût-
elle pas été susceptible, si la
durée de son règne lui eût cor-
respondu? Continuons néanmoins de l'envisager sous tous
les points de vue; par-tout, dans

E

la moindre de ſes démarches,
nous trouverons l'empreinte
ſacrée du doigt de Dieu : par-
tout nous verrons ſa vertu ré-
vérée ſans diſtinction, ni d'état,
ni de religion.

Je ne parlerai point de ces
précieuſes raretés, que la ſa-
vante Académie de Péterſbourg
lui offrit, comme un des plus
ſolemnels monuments de ſon
eſtime. Je paſſerai ſous-ſilence
l'impreſſion que firent les beaux
ſentimens dont ſa grande âme
étoit nourrie, ſur la Cour & ſur
le Peuple d'Angleterre, ce peuple ſi jaloux de ſes privilèges,
& peut-être le plus rigide obſer-
vateur des coutumes de ſes ancêtres ; je ne dirai point que

cette impreſſion fût ſi vive &
ſi forte, qu'à la tolérance de la
religion Catholique, dans toute
l'étendue de la domination An-
gloiſe, alloit bientôt ſuccéder
l'exercice public de cette même
religion preſque éteinte dans
ſes Royaumes. Je me contenterai de dire, que cet aigle prend
ſon eſſor, qu'il pénètre juſqu'aux
extrêmités de l'Aſie, dans cet
endroit où les flots écumeux du
Gange, vont ſe rompre dans le
vaſte ſein de l'Océan : je dis
que ce Prince de la paix s'in-
ſinue dans le cœur âpre des
Rois du Tunquin & de la Co-
chinchine; d'abo rd il les radou-
cit; bientôt ils perdent leur an-
tipathie pour notre ſainte reli-

gion ; ils brisent les chaînes sous le poids desquelles bien des Chrétiens gémissoient dans leurs états ; je dis, que la souveraine, la sage législatrice des Russes entretenoit avec Clément le commerce de lettres le plus intime & le plus immédiat, & qu'il y avoit tout lieu d'attendre, qu'après avoir ceint son auguste front de lauriers triomphaux, cueillis à travers les flots du sang des barbares Ottomans ; après avoir rempli tout le monde de ses merveilles, pour mettre le comble à sa gloire, elle rangeroit sous les douces loix de ce Pontife, ses Sujets qu'elle venoit de policer, de civiliser. Je dis enfin, que si le ciel nous

eût encore confervé quelques
années une tête fi précieufe à
toute l'humanité , fon zèle pa-
cifique eût réalifé non-feulement
le patriotique projet d'une paix
éternelle , conçu par l'ingénieux
Abbé de Saint Pierre ; mais l'E-
glife à fon tour eut étendu fes
bras maternels aux peuples ob-
ftinés , déferteurs de la foi ; que
le Mahométifme, & la Gentilité
fembloient déjà ne pouvoir fe
dérober aux rayons ardents de
ce grand luminaire , & que fon
Pontificat nous préparoit à ces
temps fi défirables, où il n'y auroit eu qu'une feule bergerie ,
qu'un feul Pafteur.

La plus délicate de toutes les
entreprifes de Clément , celle

dont le Seigneur fembloit avoir réfervé l'exécution aux jours de fon Pontificat, parce qu'il avoit l'âme la plus forte & la plus intrépide qui fût jamais ; c'étoit fans doute l'abolition de la Société de Jéfus. Les efprits étoient à cette occafion, divifés en deux partis bien puiffants : l'un pour des raifons que tout le monde connoît, faifoit entendre en tout lieu fes plaintes, & demandoit à grands cris, l'entière & perpétuelle extinction de ce corps : l'autre, tout dévoué à fes intérêts, ne ceffoit de manifefter le chagrin qu'il reffentoit, de la crife fatale où il étoit réduit dans ces derniers temps. Dans la chaleur de ces bruyantes difputes, Clément prend en main le timon de l'E-glife; il jette un regard obfer-vateur fur les qualités & fur le caractère de cet Ordre fameux qu'on vouloit fupprimer : il le trouve femblable à cette petite fontaine, dont il eft parlé dans le livre d'Efther, qui devenue tout à-coup un très-grand fleu-ve, à force de rouler fes eaux, fe convertit en une vive lumiè-re, en un foleil refplendiffant; & après s'être enfin partagé en une infinité de rivières, inonda toute la terre. Il le voit prefque au fortir de fon berceau, s'é-tendre au loin dans les quatre parties du monde, fe faire ho-norer des grands, obéir des petits , s'introduire dans les Cours , devenir l'oracle des Princes ; posseſſeur des plus beaux talens , donner aux Univerſités les plus grands Philoſophes & les plus profonds Théologiens , aux chaires, les Orateurs les plus accrédités , à toutes les ſciences, les plus célèbres Profeſſeurs ; mettre au jour les plus ſavantes productions , laiſſer partout des monumens de ſa rare ſageſſe ; travailler enfin ſans relâche , avec une infinité d'Ouvriers à la direction des âmes , à la culture des eſprits ; ſe rendre en un mot l'âme & l'arbitre de tout l'univers. Clément admire les bons endroits de la Société d'Ignace , mais

mais en même temps il ne se dis-
simule point qu'elle est tombée
dans la disgrace d'un parti très-
redoutable. Qu'elle sera sa déter-
mination ? Epousera-t-il aveu-
glément les intérêts des uns ou
des autres ? Non , non, dans
cette occasion , comme dans
toutes les autres , il ne prendra
conseil que de sa prudence , il
convaincra les Souverains de la
nécessité de ne rien précipiter ;
Donnez-moi le temps, leur dira-
t-il ; *d'examiner à fond l'affaire sur
laquelle je dois prononcer. Je suis
le père commun des Fideles , &
spécialement celui des Religieux ;
je ne puis donc détruire aucun
Ordre , sans y être autorisé par
des raisons qui me justifient aux*

G

yeux de tout le monde, & princi-
palement devant Dieu. Comme
un Général habile & expéri-
menté au fait de la guerre, avant
d'entrer en campagne, forme
le plan de ſes opérations, prend
les plus juſtes meſures pour les
exécuter, fait les plus ſérieuſes
réflexions ſur les obſtacles qui
peuvent ſurvenir, pourvoit à
tout, porte ſa prévoyance ſur
tout ; ainſi le ſage Clément,
avant de décider du ſort de là
Société de Jéſus, emploie l'eſ-
pace de quatre années à approfondir cette importante affaire,
à en reconnoître avec une ſagacité & une dextérité véritable-
ment dignes des plus grands
éloges, tous les moyens, toutes

les conféquences, toutes les difficultés, tous les dangers.

Combien de fois fouille-t-il les Archives de la Propagande? Combien de fois confronte-t-il les Mémoires & les Faits qui peuvent avoir le moindre rapport à la caufe qu'il doit juger? Combien de fois encore pefe-t-il dans la même balance les procès, les accufations intentées à la Compagnie de Jéfus, & toutes les raifons qui militent pour elle? Libre de paffions, entièrement dépouillé de toute prévention, de toute partialité; également ennemi de la cenfure & de la flatterie, il n'écouta jamais d'autre voix que celle de la juftice & de la vérité, mais fur-tout lorfqu'il fe détermina enfin à porter folemnellement le Décret foudroyant de la fuppreffion de la fameufe Société d'Ignace. L'abolition de la Société d'Ignace! Grand Dieu, quel mot vient de m'échapper! Ah! N'eftce pas dans ce terrible moment, que notre héros va courir une carrière moins brillante fans doute que celle de Judith, mais auffi plus épineufe? N'eft-ce pas alors, qu'étendant la main pour trancher la tête au fuperbe Holoferne, il dit, comme la libératrice de Béthulie : *Soutenez mon courage, Seigneur, regardez l'œuvre de mes mains ! Je fais, ajoute-t-il, qu'elle va m'attirer toute la haine de ces âmes baffes ;*

qui, insensibles au bien public, n'ont à cœur que leur intérêt particulier ; je sais qu'elle remplira mes jours d'amertume ; mais je sais aussi que votre Eglise, dont vous me confiâtes le soin, mérite bien que je lui fasse le sacrifice de tout ce que je suis : je le fais très-volontiers, ô mon Dieu ! Protégez-là cette Eglise, protégez l'ouvrage de mes mains !

Paroissez ici, scélérats imposteurs, hommes envieux de la gloire de Clément, venez nous dire à présent, que le Décret d'abolition de la Société, porte l'empreinte d'une prudence toute humaine ; interrogez tous les Princes Catholiques, ceux mêmes qui furent les plus ardents

fauteurs de cette Société , &
dont l'esprit conciliant de ce
Pape captiva le suffrage ; interrogez le monde impartial ; ils
vous diront tous à l'envi, qu'ils
l'ont approuvé, qu'ils le révèrent
ce Décret , comme le chef-
d'œuvre d'une prudence toute
divine ! Ils savent bien que les
Souverains Pontifes sont préposés à la conduite de l'Eglise ,
appellée la Vigne-Mystique du
Dieu de Sabaoth ; que c'est un
devoir indispensable pour eux,
non-seulement de la cultiver,
de la fermer de haies, de la faire
fructifier , mais encore d'en
arracher les mauvaises herbes,
d'en retrancher les rameaux,
qui, bien loin de lui profiter

lui cause du dommage. Clément connoiſſoit parfaitement lui-même toute l'étendue de ce devoir, il en faiſoit la règle conſtante de ſa conduite ; comment donc auroit-il pu voir la Société d'Ignace, devenue le ſujet de la diviſion qui régnoit entre le Sacerdoce & l'Empire, en proie à la colère, à l'averſion des Princes, ſur le point d'engendrer un ſchiſme, ſans ſoulever ſon zèle religieux contr'elle ? Auroit-il oublié que l'Egliſe ne dut les plus beaux jours de ſon règne, qu'à l'attention qu'elle eut à conſerver avec les Rois de la terre, les liens ſacrés de l'amitié & de la concorde ? Illuſtre Princeſſe, écrivoit autre-

fois Léon le Grand à Pulcherie,
cette Impératrice si digne du
trône par sa vertu rare , par
ses talents ; « les choses humai-
» nes ne seront jamais stables sur
» la terre, tant que l'autorité du
» Sacerdoce & des Potentats du
» siècle, n'agiront pas de concert
» pour défendre la Religion &
» la Foi.» Clément avoit toujours
présentes à l'esprit ces admirables maximes ; il sentoit que
l'abolition de la Société , devoit
être le nœud de l'entier réta-
blissement de la paix , entre la
puissance spirituelle & temporelle ; mais il sentoit encore
qu'il devoit faire violence à l'a-
ménité de son caractère , & ne
point hésiter à sacrifier une Com-

pagnie qui avoit encouru la difgrace des Souverains, aux intérêts de l'Eglife. Il la facrifie donc cette Compagnie. Mais qui pourroit méconnoître l'efprit qui dicta le Décret de fa fuppreffion ? Que Clément s'y peint bien lui-même ! Qu'on y découvre aifément les tréfors de fon grand cœur, à l'ardente charité, au foin vraiment paternel, à la tendre affection qu'il y témoigne à tous les membres de la Société diffoute !

Eut-on jamais imaginé que cette maffe énorme, qu'on éleva par le plus inoui des prodiges, jufqu'au milieu du monde, qui n'avoit au-deffus d'elle d'autres bornes que le ciel, & au-deffous confinoit aux extrêmités de la terre ; que cette maſſe, dis-je, qui fut pendant pluſieurs ſiècles l'objet des travaux des plus grands hommes, des plus beaux génies, des plus fins politiques qui s'appliquérent ſans relâche à la fortifier, à la mettre à l'abri des injures des temps ; eut-on jamais penſé, qu'ayant conſtamment ſoutenu les plus grands chocs, les plus vives ſecouſſes ; qu'après avoir été inébranlable au bruit terrible d'une infinité de foudres & de tonnerres, elle feroit dans un inſtant miſe en poudre, anéantie par la force toute-puiſſante du héros que nous honorons ? Jour de cet anéantiſſement, jour à jamais mémorable & bien digne des bénédictions de tous les âges ! Que ne vis-tu ressusciter, sortir de leurs tombeaux, ces glorieux Pontifes qui formèrent de leur temps, le grand dessein de renverser ce colosse de puissance, mais qui ne vécurent pas assez, ou n'eurent pas assez de courage pour l'exécuter ? Ah ! Quelle eût été leur surprise, si parcourant des yeux l'univers, ils avoient remarqué d'une part Ganganelli, portant du haut de son trône un tendre regard sur la fameuse Société terrassée & gémissante sur ses ruines ; & de l'autre, l'Eglise se félicitant d'avoir été arrachée par cet homme invincible, aux violentes

agitations d'une furieuse tempête, & ramenée au doux, au
délicieux fein de la paix ! A cet
afpect euffent-ils pu fe défendre
d'envier le fort de Clément, fa
vertu, fon triomphe? Ne fe fuf-
fent-ils point écrié ? Qu'il eft
grand ! Qu'il eft glorieux pour
lui, d'avoir tendu une main fe-
courable à l'Eglife, dans les plus
grands dangers ! N'eût-il rien
fait de plus dans tout le coursde
fa vie, cela feul fuffiroit pour
tranfmettre fon nom à tous les
fiècles à venir.

Mais quel feroit l'efprit fi ftu-
pide, qui ne s'apercevroit point
de l'embarras, où la fuppreffion
de la Société de Jéfus devoit
précipiter ce Père infatigable

de tous les Fideles ? Le vuide immenfe qu'elle faifoit dans le monde Catholique ne lui laiffoit que cette fâcheufe alternative, ou de paroître aux yeux de toutes les Nations, le deftructeur du bonheur public & de l'intérêt commun, ou de faire des prodiges d'activité & de zèle. Les Colléges de Rome & d'une grande partie de l'Italie ; ceux d'Allemagne, d'Angleterre, de Pologne , & des Pays-Bas, manquoient alors de Profeffeurs pour toutes les fciences & pour tous les Arts ; les Miffions des Indes, de la Chine & du Tunquin ; celles d'Afrique, d'Europe & d'Amérique , ainfi que celles des côtes de l'Océan,

étoient dépourvues d'Ouvriers
Evangéliques ; la plûpart des
Tribunaux de la Pénitence
étoient sans Miniftres, les Chaires sans Profeffeurs, mille exer-
cices de piété fans Directeurs &
fans Maîtres. Clément ofera-t-il
feulement effayer de remédier
à tant de maux , à des maux fi
preffants ? Son zèle ne fe dé-
mentira-t-il point ? Non , non,
fon zèle, fa fagacité, fon intrépidité, feront comme un feu qui
enflammera tout , qui confu-
mera tout , qui pénétrera tout,
qui réfiftera à tout, & à qui rien
ne réfiftera ; bientôt l'univers
ne pourra comprendre ce qu'il
verra, que l'efpace fans bornes
laiffé par la Compagnie de

Jésus dans sa chûte, soit rempli par-tout, en moins de rien, & contre toute attente ; bientôt l'Eglise bénira le ciel de lui avoir donné, dans le temps de son infortune, un Pape aussi sage, aussi éclairé que Clément.

Nous avons admiré jusqu'ici son adresse, ses succès dans les négociations les plus importantes avec les plus grands Princes de l'Europe ; nous l'avons vu rendre à Rome son ancienne autorité , son premier lustre, la remettre en pleine possession des Provinces qu'elle avoit perdues; nous avons remarqué sous son Pontificat, le Sacerdoce & l'Empire s'embrassant, se jurant une amitié , une concorde éter-

nelle , la foi triomphant fous
fes aufpices, des ennemis du nom
Romain ; des nations entières
profeffant l'Evangile dans toute
fa pureté : enfin nous l'avons vu
facrifier tout , fe facrifier lui-
même aux intérêts de l'Eglife,
terminer , avec une charité,
avec une prudence incomparable, la plus grande , la plus difficile de toutes les entreprifes.
Toutes ces belles actions de Clément ont dû nous laiffer l'idée
d'un Pontife de la plus haute,
& de la plus folide vertu; d'un
Pontife modefte dans la profpérité , inébranlable dans l'ad-
verfité , d'un Pontife en un mot
irrépréhenfible, accompli.

J'éléve à préfent les mains au
ciel,

ciel, j'implore fon fecours contre les envieux, contre les ennemis de Clément ; je prends à
témoin le fouverain fcrutateur
des cœurs, que dans tout ce
que j'en ai dit, je ne me fuis au-
cunement écarté du vrai. La
renommée qui fait paffer jufqu'aux races futures le mérite
des grands hommes ; la vérité
qui tôt ou tard fe découvre, ré-
pondront un jour pour lui : elles
démentiront ces téméraires ca-
lomniateurs, qui n'auront pas
craint d'obfcurcir la gloire de ce
héros. Certains efprits prévenus
m'accuferont peut-être d'avoir
flatté fon portrait ; d'autres plus
équitables ne trouveront dans
cet éloge qu'un foible crayon

H

de ses vertus, & ne veront en moi que le plus discret interprête de ses sentiments. Mais il est temps de tourner le grand tableau, & après avoir tâché de donner une juste idée de Clément en qualité de Pape, il me reste à le représenter, en celle de Prince.

II.

LA gloire de Clément n'eût été qu'imparfaite, si après avoir fait, comme Pape, le bonheur de l'Eglise, il n'eut encore fait, comme Prince, celui de ses Sujets. Je sais qu'il est très-difficile d'être en même temps grand Pape & grand Prince ; je sais

que la religion & la politique
paroiſſent diamétralement op-
poſées dans leurs principes.
Néanmoins l'exemple de l'admirable Clément, a été pour nous
une preuve ſans réplique, qu'on
peut allier les égards qu'on doit
à l'une, avec les devoirs qu'on
doit remplir envers l'autre ; ſa
dextérité dans la conduite des
plus grandes affaires , a fait
connoître au monde, qu'il avoit
enfin trouvé un Héros en état
de manier également l'épée &
les clefs , & de ſoutenir auſſi
dignement le caractère de Prince que celui de Pontife.

La ſageſſe, la prudence, & la
grandeur d'âme , ces qualités ſi
éminentes ne ſont pas moins

H 2

essentielles à la perfection d'un Prince, qu'à la félicité de ses sujets. Un Prince sage, ne se contente point d'avoir quelque notion des loix fondamentales de son état , il s'instruit encore à fond, de tout ce qui peut élever son esprit à la connoissance des règles d'une excellente administration; toujours attentif à circonscrire les droits d'un pouvoir indépendant , il respecte dans l'usage qu'il en fait, ceux des peuples qui lui sont soumis. Plein de respect pour ses devoirs, un Prince prudent, consulte en tout les loix naturelles, les loix divines & les loix humaines; il marche toujours sous les yeux de la vérité ; dans les grandes,

comme dans les petites entreprises, il prend le bien public
pour règle de sa conduite ; il
exerce la justice, sans perdre de
vue la clémence ; s'il recherche
les douceurs de la paix, c'est
sans oublier les avantages d'une
guerre légitime ; on ne le verra
jamais se prévaloir de sa force
& de sa puissance, pour s'ériger
en oppresseur ou en tyran. Un
Prince magnanime se regarde
comme le Pasteur & le Père de
ses sujets ; toujours prêt à les
combler de bienfaits, il ne balance point pour sacrifier son
bonheur à celui d'autrui, & ne
fait consister toute sa grandeur
dans le monde, qu'à être libéral
sans prodigalité, & humain sans
foiblesse.

Le Seigneur voulant donner
autrefois à Israel un Roi , qui
n'avoit pas encore trouvé son
semblable , orna le fils de Da-
vid de sagesse , de prudence
& de grandeur d'âme : *Dedit
Deus sapientiam Salomoni , &
prudentiam multam nimìs , & la-
titudinem cordis.* Sous un Prince
si parfait, tous vivoient heureux
& tranquilles. Sous le règne de
notre Héros qui sembla s'être
proposé Salomon pour modèle,
son peuple, pour qui il eut toujours l'amour le plus tendre,
des bontés presque divines,
fut-il moins fortuné , moins
en assurance ? Fut-il lui-même
moins sage , moins prudent,
moins magnanime que Salo-

mon ? Qu'on confidère le tableau de fa vie ; par-tout à ces
traits on reconnoîtra la trempe
de la grande âme de Clément ;
& comme ces animaux myfté-
rieux, que vit dans les cieux
le Prophète Ezéchiel fe laiffer
aller à l'impétuofité de l'Efprit-
Saint qui les animoit , & qui
guidoit conftamment leurs pas ;
ainfi les vertus de Clément les
plus excellentes & les plus avan-
tageufes à fon peuple , fuivirent
toujours l'impreffion prédomi-
nante de fa haute fageffe, de
fa prudence , de fa grandeur
d'âme indicibles. Je fais ici abf-
traction de toutes fes autres
vertus, pour ne m'attacher qu'à
celles qui font fon caractère dif-

tinctif , en qualité de Prince ; son désintéressement, sa constance à garder inviolablement son secret , & son amour pour la Religion.

A peine Clément s'est-il assis sur le trône, qu'il remplit son esprit de ces hautes vues , & nourrit son cœur de ces nobles sentiments qui l'élevant au-dessus des hommes ordinaires, devoient le rendre le parfait modèle & la vraie image des grands Princes. Dès lors il comprend qu'il s'est chargé d'une dette immense envers son Peuple ; il est imbu de cette belle sentence d'un ancien Philosophe bien digne d'être gravée sur le front , disons mieux,

dans

dans le cœur de toutes les têtes couronnées ; le Prince s'oublie lui-même & se dévoue entiére-ment au bonheur de son Peuple, mais le tyran n'est sensible qu'à ses propres intérêts ; *Princeps quæ populi, tyrannus quæ sua.* Clément se pénétre de cette importante maxime, aussi n'est-ce pour lui qu'une seule action de se revêtir des ornemens de la Royauté, & de considérer le rapport intime & sans milieu qui se rencontre entre le Prince & ses Peuples ; aussi n'est-ce pour lui qu'une seule chose de tenir à un lien si sacré, & de faire au ciel la plus solemnelle pro-testation, de ne vouloir vivre que pour le bien-être de ses Sujets.

I

Rome ! Peuples de l'état de l'Eglife, qui mangeâtes jufqu'ici votre pain dans l'inquiétude, raffurez-vous, ceffez vos larmes ! C'eft après un combat, qu'un vaillant guerrier recueille le fruit de fa victoire ; c'eft après un orage, qu'on voit, dans un jour pur & ferein qui ranime toute la nature, le Pilote tout joyeux guider le fillage de fon vaiffeau ; le Berger conduire, en s'égayant, fon troupeau chéri, du pâturage à la rivière ; le campagnard s'enfoncer, en chantant, dans les bois : c'eft encore après avoir été long-temps battu d'une horrible tempête, que vous favourerez l'avantage de vivre fous le règne d'un Prince bienfaifant, défintéreffé, fous les douces loix de Clément. Rome, encore une fois, heureufe Rome! Sujets, heureux fujets de Clément, félicitez-vous d'avoir pu trouver un Prince qui, touché de vos difgraces, va faire éclater tout fon amour pour vous! Un Prince qui, vous regardant comme fes enfans, fera plus jaloux de prendre à votre égard la qualité de Père que celle de Souverain. En lui, l'innocence opprimée trouvera toujours un défenfeur, l'orphelin fans appui un protecteur, la veuve abandonnée un confolateur, la vertu indigente un bienfaiteur. Mais c'eft trop peu pour fon grand cœur d'être le foutien des malheureux. A l'exemple de Marc-Aurele, il ne verra jamais dans sa propre personne, que l'homme d'affaires de son Peuple. Persuadé que l'argent est le nerf des Empires, qu'il n'y a point de Gouvernement au monde qui puisse subsister, sans un trésor qui donne au Prince les moyens de soudoyer les gens de guerre, ces infatigables gardiens de la sûreté publique; d'entrenir honorablement ces fidels Ministres qui sont préposés à l'inviolable observation des loix de la patrie; de subvenir aux besoins du peuple, sur-tout, dans un temps de calamité générale, il mettra toute son application à régler, à policer son Etat.

Les premiers objets qui se
présentent à sa sollicitude, à son
avénement au trône, sont l'é-
puisement de ses finances, une
somme immense de dettes à
payer, un peuple accablé de
misère. Ah! que son cœur est
sensiblement affligé de tous ces
maux. Que ne peut-il donner
promptement à ses sujets une
assistance proportionnée à leurs
besoins, porter parmi eux l'a-
bondance, ou les arracher du
moins à leur indigence! Pour
sentir ici toute la violence de sa
douleur, représentons-nous un
tendre père, au milieu d'une
troupe éplorée de jeunes enfans
qui, pressés par la faim, & ten-
dant languissamment leurs bras,

I 3

lui demandent par leurs cris &
leurs fanglots, un pain qu'il n'eft
pas en état de leur donner.
Cher peuple, confolez-vous !
Tel le foleil paroiffant à peine
fur l'horizon, jette par-tout une
infinité de rayons, & dorant
l'hémifphère, porte la joie dans
tous les cœurs; telle encore une
nue, dans un jour d'été, chargée
d'épaiffes vapeurs, ouvre fon
large fein, & fe convertit en
une pluie qui arrofe à la fois des
milliers de plantes & de champs;
ainfi Clément, le tendre Clément, dès les premiers momens
de fon régne, va répandre fur
tout l'influence de fa fuprême
bonté ; il va vous ouvrir les riches tréfors de fon immenfe

fein. Bien loin d'imiter ces injuftes Souverains, dont le luxe & le fafte dévorants, portés aux derniers excès, peuvent, il eft vrai, faire illufion à nos fens; mais ne donneront jamais les qualités du cœur qui font les grands Princes; bien loin d'étendre fur fes Sujets un fceptre de fer, de les opprimer par l'abus de l'autorité ; l'affection qu'il leur porte, lui fuggérera de confacrer à leur foulagement, jufqu'aux revenus affectés à fon propre entretien, de fe refufer même le néceffaire. O l'amour ingénieux ! l'amour défintéreffé!

Nous ne l'ignorons point : dans les temps les plus fàcheux de la République Romaine, le

Sénat ne voulut jamais établir de nouvelles impositions sur le peuple ; il pourvut, à ses propres dépens , à tous les besoins de l'Etat , estimant avec raison que les pauvres faisoient assez , en élevant leurs enfans pour le service de la mère patrie. Clément ne sembla-t-il pas avoir hérité de l'esprit des anciens Romains ? Plus grand même, plus héroïque qu'eux , non-seulement il n'accrut point la masse des impôts , mais il rappela sans cesse à ses Sujets les traits les plus nobles de la divine providence ; comme elle , il répandit les bienfaits sur tout ce qui l'environnoit. Quelle générosité ! Quel exemple pour les Princes !

Qu'un de ſes Miniſtres lui
apprenne qu'un ſcélérat mono-
poleur fait ſortir frauduleuſe-
ment de ſon Etat, une partie des
grains qui lui ſont néceſſaires ;
ne ſe dépouille-t-il pas auſſi-tôt
de ſa modération , de ſa bien-
faiſance naturelle , pour venger
l'inſulte faite à l'amour qu'il
porte à ſon Peuple ? N'ordonne-
t-il pas qu'on arrête le coupable,
qu'on inſtruiſe ſon procès ? « Je
» veux , dira-t-il à ſon Miniſtre ,
» que toute la terre ſache , que
» c'eſt m'arracher la vie que de
» diminuer la ſubſiſtance de mes
» Sujets ».

Pourrions-nous ici paſſer ſous
ſilence , qu'il porta le déſintéreſ-
ſement & l'oubli de lui-même ,

juſqu'à ſe réduire au ſimple uſa-
ge d'une petite chambre, qui
n'eût pour tout ornement qu'un
Crucifix ? Que ſa table fût plus
frugalement ſervie que dans ſon
état primitif de Religieux? Qu'il
ne voulut pour tout domeſtique
& pour compagnon de ſa vie
privée, qu'un Frère lai de ſon
Ordre ? Qu'il ne donna jamais
rien à ſon plaiſir, pas même dans
le temps qu'il ſuccomboit ſous
le faix de ſes peines ? Pourrions
nous taire ſon extrême horreur
pour cette pompe qui accom-
pagne les grandeurs humaines,
& qui, pour l'ordinaire, en en-
chantant les ſens, fait tomber
l'âme dans l'oubli de ſes devoirs?
En vain de lâches flatteurs lui

repréfenteront-ils, que fa dignité de Pape & celle de Souverain, exigent qu'il étale à tous les yeux l'appareil le plus magnifique. Guidé par fon auftère vertu, il leur répondra que la vie péni-tente & crucifiée de faint Pierre & de faint François, ne fût au-cunement une école de molleffe, & qu'il ne convient point à un Vicaire du Chrift, qui n'eut pas un endroit à repofer fa tête, de paroître dans le monde avec éclat, à la manière des Prin-ces. Il ajoutera, qu'infenfible à tous autres befoins qu'à ceux de fon peuple, un bon Prince les regardera toujours comme fon horloge, fe tenant prêt à toute heure à voler à fon fecours.

Quels fentimens ! qu'ils font grands ! qu'ils font héroïques !

On comprendra fans peine, qu'après avoir dérobé fon cœur à l'éternel menfonge des plaifirs, après s'être entiérement dépouillé de lui-même, il dut être moins difficile à Clément de fe détacher de fes proches. Amateurs de l'Hiftoire, qui lirez un jour celle du népotifme ! Vous n'y trouverez point le nom de Ganganelli ; ou fi vous l'y trouvez, il ne fera pas flétri par ces honteufes foibleffes , qu'on reproche fi juftement à tant d'autres Papes. N'aurez-vous pas lieu d'y admirer un homme qui, fans aucun égard pour la chair, ou pour le fang , né reconnut

directement ou indirectement
ni neveux, ni parents, ni patrie,
& qui fut semblable en tout au
Grand - Prêtre Melchisedech ,
sans extractions, ni famille ; ou
plutôt à Notre-Seigneur , qui ne
mit au nombre des siens sur la
terre, que ceux qui accomplis-
soient la Loi, la volonté de son
Père céleste ? Puisse le généreux
exemple de Clément anéantir à
jamais le népotisme !

Peuples des âges à venir, que
la curiosité conduira des pays
lointains à Rome ! Ah ! ne com-
ptez point trouver, parmi les
nombreux & superbes monu-
mens de son ancienne grandeur, de magnifiques jardins,
des maisons de campagne déli-

cieufes, de précieufes galeries,
des palais fomptueux, de riches
héritages, deftinés par Clément
à illuftrer fes neveux, fa famille.
Mais à leur place, vous verrez
des marques publiques & mul-
tipliées de fon zèle pour le bien
général. Tous les honnêtes gens
vous diront à l'envi, que ce
Père commun ne voulut vivre,
& laiffer vivre fes proches dans
l'indigence, que pour enrichir
fes Sujets. Quel état au monde
eût été plus digne d'envie, plus
floriffant que le fien, fi la mort,
l'impitoyable mort, ne fe fût trop
hâtée de renverfer les beaux,
les immenfes projets de ce généreux Prince, que nous pleurerons
toujours amèrement!

Si Clément eut une extrême horreur pour le népotifme, il n'en eut pas moins pour les favoris. L'hiftoire des révolutions des fiècles lui avoit appris, qu'il n'eft que trop ordinaire de voir s'introduire dans les Cours, des hommes ambitieux & trompeurs, qui, à l'ombre de la protection du Prince, font porter à fes Sujets tout le poids de l'adminiftration la plus odieufe & la plus tyrannique. Intimidé par ces exemples, Clément auroit-il ofé s'expofer au fort de ces infortunés Souverains, à qui l'on dépeint les plus grands maux, fous l'apparence du plus grand bien, & les juftes clameurs de leurs peuples opprimés, comme

une effufion de cœur, comme
des tranfports de l'allégreffe com-
mune? Auroit-il pu s'empêcher
de fe méfier des hommes, &
d'éviter fur-tout de donner fa
confiance à ces âmes vénales &
baffement complaifantes, qui,
fous prétexte de s'accommoder
aux fentimens des autres, n'af-
pirent qu'à déguifer la vérité,
à trahir la juftice, & font toujours prêts à facrifier le bien
public, à leur intérêt particulier? Sans avoir été élevé à la
Cour d'aucun Prince, Clément
connoiffoit à fond les détours
& les trames infidieufes de l'a-
dulateur & du courtifan; auffi
répétoit-il fouvent, qu'*un Sou-*
verain qui a plufieurs favoris, en
fera

sera tôt ou tard infailliblement maî-
trisé, & peut-être encore abusé.

Mais à qui croirions-nous
que Clément rapportoit toutes
ces observations politiques ?
N'est-ce pas au bonheur de son
Peuple ? Oui, la prospérité de
son Peuple fut toujours l'âme
de toutes ses actions ; & comme
la mer, en retenant dans son
sein l'amertume de ses eaux,
pourvoit abondamment l'indu-
strieux Pêcheur de tout ce
qu'elle renferme de plus doux
& de plus rare dans un fond
herbeux, ainsi Clément ne se
réserve que des peines & des
chagrins, & fait goûter à ses
Sujets toutes les douceurs de la
vie ; il pousse la générosité, jus-

qu'à difpofer en leur faveur de
fes droits fur les Gradués, des
préfens même, dont plufieurs
Princes font hommage à fon
mérite. Ah ! n'eft-ce pas fous
fon règne heureux que les pauvres cefsèrent de fe plaindre,
qu'ils étoient la portion du peuple la plus oubliée ? N'eft-ce pas
alors que ces hommes infortunés
qui n'ont pour tout logement
qu'une chétive chaumière, que
les Laboureurs, en traçant leur
fillon, louerént le ciel, & lui ren-
dirent mille actions de grâces
de leur avoir donné le plus tendre des Pères ? Quand eft-ce que
tous les Souverains fe modele-
ront fur Clément ?

Mais quel nouveau, quel im-

menfe champ vient s'ouvrir à
l'éloge que je lui ai confacré !
Je l'avoue, je fens que je fuc-
combe fous le poids de ma haute
entreprife. Que celui qui ne fait
point ce que peut le grand cœur
d'un Prince qui brûle d'ardeur
pour fes Sujets ; reconnoiffe auffi
fon infuffifance. Comment concevoir en effet, que cet illuftre
Pape, qui faifoit verfer toutes
les années dans le fein des pauvres & des mendians, près de
cent mille écus Romains, ait
encore laiffé tant de glorieux,
tant d'ineffaçables monumens
de fa munificence & de fon défintéreffement ! Ici, il fait élever
de fpacieux édifices, deftinés à
l'ufage des plus excellentes Ma-

nufactures ; des ouvriers font appellés à grands frais des pays étrangers : là il forme le Muséum Clémentin , ce fublime dépôt de toutes les connoiffances humaines , qui donne les plus hautes idées de fon génie & de fon goût, il l'enrichit abondamment de toutes fortes de rares antiques , d'inftrumens pour les fciences, de précieufes médailles, de diplômes intéreffants des âges les plus reculés. Par fes foins, la Bibliothéque du Vatican eft ornée de manufcrits inappréciables , d'eftampes les plus curieufes ; les revenus des Archi-Hôpitaux du Saint-Efprit & de Latran font affurés , augmentés ; les plus

riches Domaines acquis à la
Chambre-Apostolique; les che-
mins de Castel-Gandolphe artis-
tement applanis; les maisons de
plaisance, les jardins, les palais rendus plus majestueux, plus
agréables. Par ses sages réglemens, Civita-Vecchia est agran-
die, pourvue de belles & com-
modes Casernes; les côtes de la
mer sont fortifiées, les ports ré-
parés, le commerce étendu.
Avec quelle générosité vraiment
digne d'un grand Prince, ré-
compense-t-il les talents ! Avec
quel soin protège-t-il, fait-il
fleurir les sciences, les beaux
arts! Cet art même si précieux,
à qui les hommes doivent leur
conservation, l'agriculture, cet

te source inépuisable des richef-
fes des Empires, & qui leur est
fi nécessaire, n'échappe point
aux regards de ce politique auffi
intelligent que zélé pour le bien
public ; il s'occupe le plus fé-
rieusement des moyens de fer-
tilifer les campagnes incultes de
fes domaines. Ces épaiffes vapeurs qui s'exhalent du fond in-
fect des marais Pontins, & dont
l'influence est fi meurtrière pour
les malheureux habitans de cette contrée, n'euffent-elles pas
cédé à la vigilance héroïque de
ce Père des peuples ? L'air, le
terrein, la nature n'euffent-ils
pas pris fous le ciel de Rome,
& de tout l'état de l'Eglife, une
face nouvelle, fi ce foleil, qui

fembla ne s'être levé que pour
notre bonheur, ne fe fût couché
trop promptement ? Ah ! Seigneur, pourquoi ne permettiez-
vous pas qu'il mit le comble à
fa gloire, en éxécutant les magnifiques, les utiles projets qu'il
avoit conçus ?

« Un Prince, dit le favant
» Plutarque, eft prépofé par la
» Divinité, pour avoir conftam-
» ment l'œil fur fes Sujets ; ad-
» miniftrateur fage & éclairé des
» biens qu'elle lui donne en par-
» tage, il fait en appliquer à
» propos une partie aux befoins
» préfents de fon état, tandis
» qu'il en réferve une autre pour
» ceux à venir ». Ah ! que l'immortel Ganganelli accomplit

bien à la lettre la belle inftru-
ction de cet Hiftorien moralifte ! C'eft peu pour lui d'avoir
comblé fon peuple de bienfaits
les plus fignalés ; c'eft peu pour
lui de l'avoir foulagé d'un grand
nombre d'impôts , d'avoir
amorti cette fomme immenfe de
dettes , dont le poids accablant
faifoit gémir depuis fi long-
temps le miniftère de Rome ,
fon zèle s'étend encore aux befoins de la poftérité ; il lui mé-
nage les plus puiffantes reffources, dans la prodigieufe quantité
de deniers qu'il amaffe dans le
tréfor public. Vous connoiffiez
toute l'étendue de ce zèle, vous,
la gloire de la Pourpre & de
l'Epifcopat, vous qui vous inté-
reffâtes

reſſâtes ſi vivement à l'élection
de Clément, illuſtres Cardinaux
François , Rochechouart &
Luynes , lorſque vous aſſuriez
que ce grand Pape, pour être à
ſa vraie place, devroit comman-
der à tous les hommes ! Et vous
ſage & auguſte Princeſſe Bor-
gheſi , ne trouviez - vous pas
réunies en ſa perſonne toutes les
qualités qui font les grands Princes ? Ne le regardiez-vous pas
comme l'ami des hommes , le
Sage par excellence , lorſque
vous diſiez , *que l'âme du Pape
Ganganelli étoit ſi belle , que Titus lui-même la lui auroit enviée ?*
Ah ! venez à préſent, ennemis
jaloux de ſa gloire , vous qui
méconnoiſſez ſon zèle, ſon dé‑

L

fintéreſſement, venez lui alié-
ner le cœur de ſon peuple! Plus
juſte appréciateur que vous du
vrai mérite, ce cher Peuple n'en
ſera, j'oſe le dire, que plus ido-
lâtre de ſon Prince. Il n'y a pas
juſques au Tibre (*) qui, pre-
nant part à l'admiration com-
mune, ſort de ſon lit profond,
& élevant ſa tête écumeuſe au-
deſſus de ſes hautes rives, regarde avec tranſport ce Héros; ſe-
coue, pour marque de ſa joie, ſes
ſuperbes flots, & s'en va vîte
annoncer à la mer, qu'il a eu le
bonheur de le voir.

L'expérience & la politique
nous apprennent que la ma-

____

(*) Cette penſée eſt plus du ſtyle Poëtique
que du ſtyle Oratoire.

chine qui fait mouvoir une grande Monarchie , tourne en toute
assurance lorsqu'elle est étayée
du secret. Le secret, à le bien
considérer, est l'âme des affaires
générales & particulières , une
arme invincible cachée dans le
cœur du Prince , qui prévient
souvent dans un Etat,la révolte,
la rivalité , la dissention. Mais
ne bornons pas là les avantages
du secret ; c'est le secret qui
concilie au Souverain les hommages de ses Sujets, qui main-
tient la paix dans les Empires,
parce qu'il en impose aux puis-
sances voisines & éloignées, &
qu'il intimide à la fois les ennemis du dedans & du dehors. Le
secret fut si fort en honneur au-

près de ces habiles politiques
qui illustrèrent l'antiquité par
les merveilleuses productions de
leur esprit, qu'ils conseillerent
aux Princes de ne jamais communiquer leur secret, pas même
aux personnes les plus expéri-
mentées & les plus dignes de leur
confiance ; ils virent les troubles
fréquents · qu'occasionna dans
tous les siècles l'inobservation
du secret, & le préjudice irré-
parable qu'elle entraîne après
elle, pour les Républiques & les
autres Etats ; ils comprirent
combien le secret étoit nécessaire au bon gouvernement des
peuples, combien il contribuoit
à leur sûreté, à leur prospérité ;
aussi n'y eût-il jamais au monde

aucun état bien policé qui ne l'ait gardé le plus scrupuleusement.

Ah! que l'illustre Ganganelli posséda cette vertu si rare dans un degré bien éminent. Qu'il sut la mettre avantageusement en pratique, pendant tout le temps de son pénible règne! Et s'il est vrai que l'homme vertueux se plaît à prendre Dieu pour modèle, l'amour de Clément pour le secret ne le rendit-il pas la plus vive image de la sagesse divine? Humaine fragilité qui, dans les affaires épineuses, ne peux te passer d'un conseil, tu fus toujours inconnue à Clément; pour toujours son cœur magnanime te rejetta!

A quelqu'extrêmité que fuſſent réduits l'Egliſe & ſes Etats, jamais il ne s'ouvrit à perſonne ſur les avantages qu'il leur pré-paroit ; la juſte crainte de ren-contrer, dans l'exécution de ſes grands deſſeins, des coopéra-teurs, ou infideles, ou indiſ-crets, qui le jettaſſent lui-même & ſes entrepriſes dans le préci-pice, lui fit une loi ſuprême du ſilence ; ainſi fût-il toujours ſon propre oracle, ſon propre guide.

Les limbes des Papes, diſoit ce Grand-Homme, lorſqu'il n'étoit encore que Cardinal, à un Religieux d'une ſageſſe con-ſommée ; *les limbes des Papes ſont à Rome, parce qu'ils y ſont pour l'ordinaire aſſervis à une troupe de*

flatteurs, qui leur laiſſent ignorer,
& ce qui ſe dit, & ce qui ſe paſſe.
Clément adopta-t-il jamais ces
maximes ? Ne regarda-t-il pas
plutôt avec un fier dédain l'état
de ſervitude éclatante où vécurent la plûpart de ſes prédécef-
ſeurs ? N'eſt-ce pas par lui-même
qu'il voulut connoître tout, voir
tout dans ſon plus grand jour ?
Mais en même temps, quel ſoin
n'apporta-t-il pas pour envelop-
per des plus épaiſſes ténèbres,
ceux qui pouvoient traverſer
ſes projets ? Faut-il donc s'éton-
ner après cela, ſi l'on diſoit
communément dans Rome,
que le pontificat de Ganganelli
n'étoit point celui des curieux,
parce qu'il uſa toujours d'une

circonspection sans égale dans les affaires. J'en atteste cette entreprise qui paroissoit au-dessus de tous les efforts humains, & qui, pour être conduite à une heureuse fin, demandoit le concours de presque tous les Souverains du monde catholique : Clément s'en occupe près de quatre années, mais avec quelle prudence sait-il la tenir renfermée sous l'ombre d'un secret impénétrable, jusqu'au moment de sa bruyante exécution !

L'Histoire donne les plus grands éloges au Sénat Romain, pour avoir tû quelque temps la Confédération qu'Eumène, Roi de Pergame, vint lui proposer en pleine assemblée, contre

le vaillant Persée, Roi de Ma-
cédoine. A quel sublime dégré
de gloire ne doit-donc pas s'attendre, auprès de la postérité,
l'immortel Ganganelli , pour
avoir observé plusieurs années
le silence le plus inviolable, sur
tant d'affaires si étranges & si
compliquées? Et ne pourrions-
nous pas dire, avec raison, que
le secret, qui de nos jours semble
être banni de la société, trouva
encore un asile, un sanctuaire
dans le cœur de ce grand Prince? O vous politiques spécula-
tifs, à la curiosité de qui rien ne
paroit échapper , vous qui
voudriez pénétrer jusques dans
les cabinets des Princes; c'est
en vain que vous penseriez avoir

percé la nue qui environne celui
de Clément ! Semblable à ces
fameux Capitaines, qui, dans
le siège d'une place, pour donner le change aux assiégés, font
souvent de fausses attaques à la
partie opposée à celle où ils
projetent de porter les plus
grands coups, le sage Ganganelli, pour déconcerter toutes
vos conjectures, toutes vos
spéculations, fera tout le con-
traire, en apparence, de ce qu'il
aura résolu. Une nuit profonde
couvrira constamment toutes
ses démarches du voile le plus
épais, jusqu'au moment où il
les fera paroître dans tout leur
éclat, & manifestera à l'univers
les immenses, les admirables

travaux de son génie supérieur.
Ah ! s'il eût régné du temps
que Lycurgue , Solon , Numa
donnerent à Sparte, à Athènes,
à Rome, des loix sur l'observation du secret, auroient-ils pu
se défendre de le proposer aux
peuples, dont ils étoient les Lé-
gislateurs, comme le modèle le
plus accompli d'une si belle
vertu ?

Mais sans aller lui chercher des
approbateurs dans la vénérable
antiquité ; tandis que l'Histoire,
ce grand tableau sans cesse ou-
vert à tous les yeux, perpétuera
la gloire de ses actions héroïques, ses Sujets ne feront-ils pas
éclater les transports de leur admiration , ne conserveront-ils

pas précieusement la mémoire des avantages, que leur procura le zèle insurmontable d'un si bon Prince pour le secret ? Du haut du grand Vatican, ils entendront dans tous les siécles une voix stentorée qui ne cessera de crier, apprenez, ô vous qui régnez ! Apprenez de Clément à être ardents amateurs du secret.

Si notre héros fit servir au bonheur de ses peuples, son désintéressement & sa constance à garder inviolablement son secret, il ne fit pas moins concourir à ce grand but, son amour pour la Religion.

La Religion cette vertu toute divine, puisqu'elle n'a d'autre

objet que le Créateur, est le
plus ferme appui du trône, elle
forme le plus doux lien de la
société, & assure à chacun de
ses individus son état. La Religion est le moyen le plus effi-
cace qu'on puisse employer, pour
soumettre à l'empire des loix,
ceux qui, par leur rang, ou par
leur crédit, se tiennent au-dessus
des loix mêmes ; elle enhardit
d'un côté la vertu timide, par
l'espérance d'une récompense
sans fin, & enchaîne de l'autre
le vice, par l'effrayante perspe-
ctive d'une malheureuse éternité. La Religion peut seule en
imposer à ces juges sans intégrité, à ces Princes qui, s'érigeant en tyrans de leurs sujets,

laiſſent par-tout des traces de leur injuſtice & de leur cruauté. C'eſt le défaut de religion qui fit eſſuyer aux plus célébres mo-narchies, les révolutions les plus étranges ; toute leur grandeur ſe diſſipa , elles rentrèrent dans leur néant, à meſure qu'elles perdirent leur Religion, quoique fauſſe & trompeuſe. Horace avoit vivement ſenti cette vé-rité, lorſqu'à la vue des maux qui affligeoient ſa chere Rome, il s'écrioit en ſoupirant ; « doit-
» on être ſurpris qu'un fleuve
» de malheurs inonde l'Italie,
» porte au loin le ravage ; tandis
» que la plus forte digue eſt
» rompue, qu'on ne conſerve
» plus aucun reſpect pour la

  » Religion, aucune eſtime pour
» les Dieux; » *hìnc omne princi-
pium, hùc referet exitum : diï
multa neglecti dederunt heſperiæ
mala luctuoſæ.*

Or je le demande, ce qu'un
Poëte avoit compris par les
ſeules lumières de la raiſon obſ-
curcies par les ténèbres du pa-
ganiſme, auroit-il pu échapper à la grande âme de Clément,
qui fut toujours éclairée par une
lumière ſupérieure ? A la faveur de cette lumière toute céleſte, il connut que, ſi l'irréli-
gion entraîne les Souverains à
la cruauté, au deſpotiſme ; la
Religion leur donne des entrailles de père pour leurs peuples,
& qu'elle ſeule peut les diſtin-

guer du commun des Princes. Combien de fois rappeloit-il à son esprit, qu'un Souverain ne sauroit se montrer trop religieux aux yeux de ses Sujets, & que ceux-ci, semblables aux moindres planètes, qui reçoivent leur lumière du soleil, copient les vertus, ou les vices de ceux qui les gouvernent ? Aussi toutes ses actions, tous ses propos porterent-ils toujours l'heureuse empreinte de la Religion ; aussi ne compta-t-il pour rien tous ses autres avantages ; aussi ne fit-il consister sa gloire, que dans l'exercice de cette vertu qui, imposant au Prince l'obligation de s'immoler aux intérêts de son Peuple, & au Peuple

ple l'obligation de s'immoler à ceux de son Prince, pourvoit d'une manière admirable au salut de l'un, ainsi qu'à celui de l'autre.

Ah ! n'est-ce pas son amour pour la Religion, qui agrandissant & élevant son âme jusqu'à l'infini, en fit le plus profond contemplateur de l'Être-Suprême, lui apprit à mettre toute sa confiance en Dieu, à le consulter, non-seulement dans les affaires les plus graves, mais encore dans celles de moindre considération, & à reconnoître en tout sa providence. La Religion ne l'arma-t-elle pas de constance dans ses plus grandes adversités ? Ne lui inspira-t-elle

M

pas le plus grand zèle pour la propagation de la foi catholique ? N'embellit-elle pas son âme de toutes les vertus qui conviennent à l'homme privé, de même qu'à l'homme public ? N'est-ce pas enfin à la Religion, qu'il dut cette aimable popularité qui, lui représentant sans cesse son état primitif d'abaissement, le rendit le plus communicatif des hommes, envers les grands & les petits, envers ceux du dedans, ainsi qu'envers ceux du dehors ; pour ceux de sa propre communion, & pour ceux encore d'une communion étrangère ? O vous tyrans fanatiques, qui voudriez enchaîner la liberté de vos frères, venez lui reprocher qu'il eſt trop doux, trop tolérant ! Il vous répondra, que ſon honnête condeſcendance, bien différente de cette criminelle tolérance, qu'affichent les Philoſophes de nos jours, conſiſta toujours à tolérer tous les hommes, ſans tolérer leurs erreurs (*) *à ſouffrir avec patience*, comme dit l'illu

(*) Pourquoi l'Académicien de Montauban, auteur de la feinte apologie de Clément XIV. entaſſe-t-il ſans diſcernement dans cet ouvrage autorités ſur autorités, pour armer indiſtinctement & en toute occaſion, la puiſſance ſpirituelle & la temporelle contre l'erreur ? Elles ne ſauroient, il eſt vrai, apporter trop d'attention pour réprimer les progrès de l'héréſie ; mais quand le mal eſt devenu preſque incurable, comme l'héréſie de Luther & de Calvin en Allemagne, après avoir inſiſté à temps, à contre-temps ; après avoir réprimandé & prié, conformément au précepte du

ſtre Fenelon , (*) *tout ce que Dieu ſouffre , & à tâcher de ramener les hommes par une douce perſuaſion.*

(*) Direction pour la conſcience d'un Roi.

grand Apôtre à ſon diſciple Timothée ; eſt-il convenable alors de faire des pays infectés de l'erreur , le théâtre d'une guerre civile & ſans fin ? L'Egliſe elle-même doit-elle employer toute ſa puiſſance coactive ? N'uſe-t-elle pas plutôt pour l'extérieur de la ſociété, de la plus prudente condeſcendance ? Auſſi dans l'état préſent où ſont les affaires de la Religion Catholique en Allemagne , les Papes de nos jours, moins ſtricts que M. l'Abbé de L. T. n'ordonnent-ils point aux Evêques & aux Paſteurs ſubalternes, qui vivent dans ce pays , d'imiter envers nos frères errants, les exemples de rigueur qu'exercèrent S. Jean, Moyſe, Phinées, Elie , Eliſée , S. Pierre , S. Paul, & Jeſus-Chriſt.

La critique des Lettres & autres pièces miſes au jour, par M. de Caraccioli, n'aura pas donné ſans doute beaucoup d'exercice , à l'eſprit bouillant de l'Abbé de L. T. ; il n'a eu beſoin, pour la faire , que de tremper ſa plume dans le fiel , & de le diſtiller ſur les

Vous fites l'épreuve de l'a-
ménité de fes mœurs, illuftre
Electrice de Saxe , auguftes
Princes d'Angleterre, lorfqu'à
l'exemple de la Reine de Saba ,

chofes. qu'il lui a plû de cenfurer, en leur
prêtant à la plupart, une coloris qu'elles n'eurent jamais. N'a-t-on pas lieu de lui appliquer,
ce que les Redacteurs du Mercure de France ,
difent de l'Auteur du Tartufe épiftolaire dé-
mafqué ? *Au lieu de fe tenir à cette difcuffion
critique, (fi les Lettres de Gauganelli font
fuppofées ou non,) l'Auteur fe répand en
invectives ; & l'intérêt de la vérité fait place à
l'efprit de parti. On voit clairement que le crime
de M. de Caraccioli, n'eft pas d'avoir mis des
Lettres pleines d'une excellente morale, fous le
nom d'un Pape qui la prêchoit par fon exemple;
mais d'avoir été le panégyrifte du deftructeur
des Jéfuites.* C'eft-ià en effet tout fon crime,
& ce qui l'a rendu méprifable aux yeux des
partifans de la Société profcrite. A quoi ne
doivent pas s'attendre les amis de Ganganelli,
depuis que l'Auteur de fa feinte apologie , a eu
la témérité de fe déchaîner contre le grand

vous accourûtes à Rome, au bruit des actions glorieuses de ce sage Salomon ! Vous le vîtes, vous entendîtes avec un plaisir inexprimable, l'esprit de Dieu qui parloit par sa bouche, sur les dogmes & les maximes de la Religion chrétienne ; vous lui dîtes, c'est parceque le Seigneur a aimé Israël, qu'il vous en a fait le Roi ; *eò quod Dominus dilexerit Israël, constituit te regem ;* bientôt vous allâtes annoncer à vos Peuples, que ce grand Prince étoit infiniment au-

---

* Le Roi de Prusse. Frédéric, * qu'il dépeint comme un scélérat, un libertin, un usurpateur ; & contre la nation Angloise, qui, toute enveloppée qu'elle est dans les ténèbres de l'erreur, tiendra toujours un des premiers rangs, parmi les nations les plus ingénieuses de l'Europe ?

deſſus de ſa renommée.

Et vous auſſi qui fûtes les
dépoſitaires de ſes ſentiments
religieux, dites-nous, combien
de fois il vous manifeſta par ſes
expreſſions animées, par les
amoureux ſoupirs qui les ac-
compagnoient, ce ſaint enthou-
ſiaſme, ce zèle ardent pour la
Religion qui enflammoient ſon
âme, & qui ſe peignoit juſque
ſur ſon front, ſur ſes yeux, & ſur
toute l'habitude de ſon corps !
Combien de fois entendites-
vous les tendres plaintes qu'il
faiſoit à ſon Dieu, de ne l'avoir
point fait vivre dans ces temps
heureux, où ſes prédéceſſeurs,
dont il envioit le glorieux
triomphe, ſcellèrent leur foi de

leur fang ? Non, non, le Seigneur n'exauça point vos vœux, illuſtre héros de la religion! Mais s'il vous refuſa la palme du martyre, il vous réſervoit à un genre de gloire plus avantageux à l'Egliſe. Votre croyance épurée, devroit ſervir à réprimer ces incrédules à ſyſtême ; ces hommes ſacrilègement audacieux, qui vont par-tout la tête levée ; ces impoſteurs, ces eſprits ſuperficiels, qui, ſelon l'expreſſion de ſaint Jacques, blaſphèment ce qu'ils ignorent ; cès fléaux de la ſociété, qui, non contens de défigurer, de fouler aux pieds l'image ſacrée de la vertu, de renverſer & détruire tous les principes des mœurs,

mœurs , pouffent l'efprit de veftige & l'impiété , jufqu'à jeter des ombres & des nuages fur les œuvres du Tout-Puiffant; jufqu'à mettre le Chriftianifme dans la claffe des chimères & des fuperftitions , & regarder enfin la croyance de la Divinité comme une foibleffe , une baf-feffe , une folie.

La République Romaine , après avoir étendu fa domina-tion dans toutes les parties du monde , foutint le poids énorme du gouvernement d'une infinité de Villes & de Provinces , avec une prudence qui fera l'admi-ration de tous les âges. Il faut néanmoins l'avouer; ce ne fut pas une feule tête qui porta ce

N

pefant fardeau. La République
fut puiffamment fecondée dans
fes grands- deffeins. A la conduite de toutes les affaires publiques , des Confuls vigiláns
joignirent la Surintendance générale du militaire, une autorité fans bornes fur les Magi-
ftrats inférieurs , le droit même
de préfider à leur élection. Un
Sénat nombreux & refpectable
par les belles connoiffances des
membres qui le compofoient,
adminiftra les finances, rendit
la juftice aux Peuples , envoya
les Ambaffadeurs vers les Cours
des Souverains étrangers, donna
audience à ceux qui lui venoient
de leur part, Le Peuple eut le
foin de conférer les charges &

les dignités de l'Etat ; c'est à
lui que furent dévolus la puissance légiflative & le droit de
décider fur les alliances , fur les
traités de paix & fur la guerre.

Le Héros que nous révérons,
eût-il jamais les mêmes avantages que la République Romaine ? Placé fur le trône de
l'Eglife , maître d'un Etat affez
floriffant , fût-il affifté de Confuls , du Peuple , des confeils
d'un Sénat ? Non , Clément ne
voulut régner que par lui-même;
trop attentif au repos de fes
Sujets , trop jaloux de leur bonheur pour mettre leur fort en
d'autres mains que les fiennes ;
dans les temps les plus défaf-
treux , lui feul expédia toutes

les affaires générales & particulières, soit politiques, soit
sacrées; lui seul présida à tout,
lui seul arrangea tout: Rome fut
forcée de convenir, qu'elle
avoit enfin trouvé un Prince
dans la personne d'un Pape.

Que pensera la postérité sur
le règne de Clément? Oseroit-
elle attribuer au ministère d'autrui ce caractère de grandeur
& de supériorité qui le distin-
guera toujours de tous les autres? Ne jugera-t-elle pas plutôt, que Clément n'en fût redevable qu'à sa propre vertu,
à son savoir, à son excellente
judiciaire, & sur-tout à sa religion, à sa haute piété? *Sans la
religion*, disoit ce grand Prince,

mon âme fera fans ceffe vacillante
dans le gouvernement de mes Peuples ; avec la religion , la force , la
juftice , toutes les vertus , toutes
les lumières viendront à la fois, af-
furer toutes mes démarches ; guidé
par cette véritable fille du ciel , je
faurai bien maintenir le haut rang
dont Dieu ne m'a fait que le dé-
pofitaire ; mon âme deviendra inac-
ceffible à la furprife , à la prévention , ce vice odieux fi ordinaire
aux Grands, & qui rend un Prince
incapable de gouverner un Etat
dans la droiture & l'équité. Jefais,
ajoutoit cette lumière de notre
fiècle , je fais, que la Providence
ne m'a mis à la tête d'un grand
Peuple , que pour veiller avec une
attention paternelle à fon bien-étre.

Un Prince ne doit jamais perdre de vue, qu'il eſt venu au monde, moins pour lui-même que pour la félicité de ſes Sujets. O les divins ſentimens ! Qu'ils ſont bien dignes de Ganganelli ! Que ne ſont-ils gravés dans l'âme de tous les Princes ! Qu'ils produi-roient dans le monde une heu-reuſe révolution ! N'eſt-ce pas alors qu'il préſenteroit le tou-chant ſpectacle d'un bonheur univerſel ? Mais que ces ſen-timens décelent dans Ganganelli un homme bien inſtruit dans la ſcience du gouvernement, ſcience aujourd'hui ſi rare & ſi difficile à apprendre ! Ne diroit-on pas que ſon âme ſe fût élevée juſqu'au trône de l'Eternel ; &

qu'après avoir puisé dans son sein les véritables idées du règne le plus sage, d'un règne fondé sur l'esprit de religion, elle fut descendue sur la terre, pour les ressusciter ensuite parmi les maîtres du monde? Ah! Si ce Monarque, dont le nom seul suffit pour attendrir un cœur François, si Henri le Grand avoit vécu sous le Pontificat de Clément XIV; Rome eût-elle eu un juste sujet d'envier à la France le bonheur de vivre sous les loix de ce Père des Peuples?

Un cœur magnanime & généreux, ne sauroit mettre des bornes à ses libéralités; plus il donne, plus il voudroit donner; heureux de s'appauvrir lui-

même afin d'enrichir les autres.
Si l'on veut en favoir la raifon,
c'eft que l'homme tend toujours
par un inftinct naturel à reffem-
bler à fon Créateur; & que la
bienfaifance peut feule imprimer dans notre âme, les traits les
plus nobles de la Divinité. Tel
étoit le cœur immenfe de Clément. C'eft peu pour ce nouveau Titus, dont toute la vie
fut un acte de bonté, d'avoir fait
fervir au bonheur de fes Sujets
fon défintéreffement, fa conftance à garder inviolablement
fon fecret, fon amour pour la
religion; fon naturel bienfaifant
le porte encore à chercher de
nouvelles voies pour accroître
leur profpérité; mais elles font

toujours au-deſſous de ſes déſirs; & quoiqu'il faſſe infiniment
pour eux, il lui ſemble n'a-
voir rien fait. N'eſt-ce pas là le
vrai héroïſme ? N'eſt-ce pas un
héroïſme particulier à Clément,
& tout-à-fait inconnu avant lui ?

Mais qu'apperçois-je ? Ce bon
Prince, après s'être dépouillé
de tout en faveur de ſon Peuple, répandoit ſon âme en préſence de ſon Dieu, le conjurant
d'être ſon appui dans l'accom-
pliſſement de tous ſes deſſeins,
lorſque le glaive de la mort
la plus prématurée & la plus
cruelle, vient tout-à-coup le
frapper, & ravir à l'Egliſe, un
Pontife, ſon éternel honneur;
à ſes Sujets, leur Prince & leur

Père ; à l'eſpèce humaine entière, ſes délices, ſa gloire &
ſon plus bel ornement. Clément meurt..... Ah! Je n'oſe
parler de ce qu'annonce la voix
publique. J'en laiſſe le jugement
au ciel ; je me contente d'ob-
ſerver , qu'il ſemble ſourire à
l'impitoyable mort ; qu'il meurt
dans les douleurs les plus atro-
ces, les plus inouies, ſans perdre cette ſérénité d'âme, l'appa-
nage de l'homme juſte, qui n'eſt
dans Ganganelli qu'une effuſion
des ſentimens vertueux qui
marquerent tous ſes pas ; un effet de la douce eſpérance qu'il
conçoit d'aller bientôt s'unir à
ſa dernière fin , & jouir de cette
bienheureuſe immortalité, qui,

à la vie & à la mort, détache une âme généreuse de tous les êtres périssables, pour l'élever à l'amour du souverain bien. *Je meurs, ó mon Dieu !* dit ce grand Pape, dans ses derniers momens ; *je meurs victime de mon zèle pour la justice. Je naquis pour vous, j'ai vécu jusqu'à présent pour vous, c'est encore pour vous, que je finis ma vie dans les tourmens. Je prie pour moi, je prie pour mes ennemis, pardonnez leurs fautes, pardonnez les miennes, c'est là le seul désir de mon cœur.* Qu'on l'interroge sur sa dernière volonté, relativement à ses neveux ? *Je me dépouille,* répond-t-il de nouveau, *de tout. Je sais, que je ne possede point de richesses*

*je ne reconnois point de parents ;
je suis libre de toute attache ; je
naquis pauvre, je vécus pauvre,
je veux mourir très-pauvre. Mon
âme s'en va retourner vers son
Créateur. Pour ce qui vient de la
terre, qu'on en dispose en faveur de
ceux qui ont droit d'y prétendre.*
Quels sentimens ! Une âme qui
est parvenue à ce dégré de perfection, n'est-elle pas au comble de l'héroïsme ?

Clément meurt ; mais avant
de rendre le dernier soupir, il
jette, comme Pape, un amoureux regard sur l'Eglise ; & pour
lui donner la dernière marque
de ce zèle ardent, qui le fit
veiller sans relâche à sa défense,
il la recommande singuliére-

ment à son divin Epoux ; heureux d'avoir sacrifié sa vie à ses intérêts , il voudroit en avoir une infinité à lui offrir. Il jette, comme Prince , un coup d'œil sur ses Sujets ; ensuite s'adressant aux intelligences célestes protectrices de sa chere Rome & de tous ses Etats , il leur demande un Successeur qui , tout occupé du bonheur de son Peuple, signale son règne par l'esprit de justice & de paix. Il regarde aussi la Religion, comme Chrétien ; & c'est dans son sein qu'il cherche toute sa consolation , tout son repos. Enfin la dernière heure sonne, le temps est fini pour lui , son âme se dégage de ses liens terrestres ;

& nous préfumons, fans prévenir les auguftes décrets de l'E-
glife, que, portée fur les aîles
de fa vertu & de fon héroïfme,
elle s'eft envolée dans la maifon
de la bienheureufe éternité,
pour s'y enivrer d'un torrent de
délices. Ainfi meurent les grands
hommes, ainfi Clément termine
fa noble carrière. Sa fin malheu-
reufe plonge dans le deuil tous
les gens de bien. Une Femme,
le plus parfait modèle des Princes dans l'art de régner, l'augufte Marie-Thérèfe (*) s'em-
preffe d'exprimer au Sacré-Col-
lège la jufte douleur qu'elle en
reffent, par ces paroles à jamais
mémorables. *Pourrions-nous affez regretter un Pape, qui dans*

La Reine de Hongrie.

*l'espace de cinq années, a fait au-
delà de tout ce qu'on eût pu attendre du plus long & du plus glorieux Pontificat ?* Il n'y a pas
jufqu'à la mort qui, (*) apper-
cevant les dépouilles qu'elle a
remportées fur ce Héros, le pleu-
re à fon tour, & brife dans fon
courroux, la faux meurtrière qui
lui porta le coup fatal.

Dieu tout-puiffant ! Nous
nous humilions fous les redou-
tables coups de votre main.
Néanmoins, qu'il nous foit permis de dire, qu'il faut que nous
ayions grandement excité votre
colère, puifqu'après nous avoir
donné le plus grand des Pontifes, le plus magnanime des

____

(*) Cette allufion à la mort eft poëtique.

Princes, vous nous l'enlevez, aux plus beaux jours de son règne, dans un âge où son tempérament vigoureux, lui promettant les années de Pierre, le rendoit encore propre à mettre la dernière main à ses sublimes entreprises, & lui laissoit en même temps la liberté de les justifier aux yeux de tout le monde. Pouviez-vous nous punir par un endroit plus sensible? L'humanité qui trouva en lui son soutien, son ami; le Sacerdoce que son zèle, son activité, sa prudence firent passer du sein du trouble dans l'état de la plus parfaite tranquillité; l'Empire qui le révéra comme le plus généreux-défenseur de sa

puissance

puissance & de ses droits, ces-
seroient-ils dans aucun temps
de pleurer cet Homme si soli-
dement vertueux ?

Pour vous Peuple fier d'une
Ville * aussi remplie de discer- * Londres,
nement & de lumières, qu'implacable ennemie de l'Eglise
Romaine ; vous qui donnâtes
les témoignages les plus écla-
tants de l'estime que vous eûtes
toujours pour Ganganelli , en
lui érigeant une statue à côté de
celles des plus grands hommes ,
en conservant précieusement
son portrait dans vos maisons
publiques & particulières ! Eus-
siez-vous jamais pu croire que
ceux de ses propres enfans, qui
se ressentent le plus de sa bonté,

méconnoîtroient la piété filiale jufqu'à diffamer pendant fa vie & après fa mort, le Père le plus tendre, le bienfaiteur le plus magnifique? Quelle énormité! Quelle éternelle ignominie pour notre fiècle! Quelle honte pour l'humanité! Pouvoit-elle porter l'ingratitude à un plus grand excès?

Ah! Si la vertu, fuivant la belle penfée du fage Socrate, touche au plus haut point de fa perfection, quand elle eft continuellement en butte à tous les traits de la haine & de l'envie, n'avons-nous donc pas fujet de croire, que celle de Clément eft parvenue à un période où les hommes s'élèvent bien rarement

nonobſtant tous leurs efforts,
puiſqu'elle eſt livrée à la plus
fière averſion d'un parti que rien
ne ſauroit déſarmer ? Mais vive
Dieu, le protecteur de l'innocence ! Il viendra un jour, & ce
jour n'eſt pas bien éloigné, où
ſa main toute puiſſante fera
taire les paſſions & les préjugés,
confondra l'impoſture, & im-
primera dans tous les cœurs le
ſouvenir des mérites de Clément,
par les mains de la reconnoiſſan-
ce; c'eſt ainſi que l'iniquité d'autrui ſert à relever le triomphe
des Héros.

Illuſtres Princes du monde
Catholique, vous qui fûtes ſi
vivement touchés de la mort
atroce de Clément, conſolez-

vous ! Vous avez perdu ici bas
un véritable ami, un confident,
un père, mais vous avez acquis
un protecteur que l'Eternel a
couronné dans le ciel. Bientôt
l'Eglise lui décernera les hon-
neurs du triomphe ; déjà de
nombreux prodiges déposent le
plus solemnellement en faveur
de ce sacré Triomphateur du
sein d'Abraham ; il vous adresse
ces touchantes paroles. « Mes
» chers fils , dans ce séjour de
» lumière & de félicité, je suis
» encore sensible à ce qui se
» passe parmi vous ; ne me re-
» fusez point à présent, ce que
» j'avois lieu d'attendre de votre
» piété, lorsque je vivois sur la
» terre ; employez toute votre

» puissance pour la cause de
» l'Eglise, soutenez-en la digni-
» té. Je ne craignis point autre-
» fois, à l'aide de mon zèle &
» de votre justice, de me dé-
» vouer aux plus grands dangers
» pour cette Epouse si chérie ; à
» mon exemple & à celui de vos
» religieux ancêtres, soyez ses
» plus généreux défenseurs dans
» ses combats, son asile dans les
» temps de son infortune ; que
» cet acte de magnanimité soit
» le plus bel ornement de vos
» couronnes ; qu'il fasse toute
» votre gloire ! »

O esprits supérieurs ! O Hommes vertueux ! Je confesse à la
face de toute la terre, qu'en
vous traçant l'éloge de Clément XIV, ma plume n'a été

guidée que par l'amour de la
vérité, & de la justice. Doit-on
appréhender d'être prodigue de
son encens, quand on l'offre à
un Héros qui sera toujours au-
dessus de tous les éloges? Quelqu'éloquent que soit un Orateur, comment pourroit-il parler dignement d'un homme,
qui n'eût pas, il est vrai, l'a-
vantage fortuit d'une naissance
bien brillante, mais que les
vertus les plus mâles, un mérite
transcendant, placèrent sur le
trône le plus éminent de l'univers, élevèrent à la première
dignité de l'Eglise. Ah ! si la
mort d'un personnage d'une
vertu ordinaire, est une vraie
perte pour l'humanité entière
qu'il honoroit; ne doit-elle pas

regarder celle de Clément, le plus vertueux des Hommes, le plus célèbre des Papes, le plus magnanime des Princes, dans le regne rapide d'un seul lustre, comme la plus grande des calamités? Le monde qui lui est redevable de sa sûreté, de son repos, oseroit-il lui refuser ce petit tribut de sa reconnoissance? Puisse la dernière postérité lire un jour cet écrit! Puisse-t-il l'engager à rendre à Clément l'honneur que ses ennemis jurés s'efforcent de lui ravir! On a des droits incontestables aux hommages de tous les siècles, lorsqu'on n'a dû sa grandeur parmi les hommes, qu'à sa propre vertu. Tel fut Ganganelli; il fut grand Pape & grand Prince, mais par lui-même, mais par ſes talens perſonnels ; bien différent en cela des Sulli, des Richelieu, des Colbert, des Mazarin, qu'il eût ſans doute effacés, s'ils avoient vécu à Rome ſous ſon Pontificat ; & qui ne ſe firent un nom, que pour avoir partagé avec leurs Souverains, la gloire étonnante de leur règne mémorable. Comme Pape, Clément brûla toujours d'ardeur pour la félicité de l'Egliſe ; comme Prince, il brûla toujours d'ardeur pour la félicité de ſon Etat. Il ſacrifia toutes ſes aiſes à celui-ci ; il ſacrifia ſa vie à celle-là : voilà en peu de mots le précis de ſon éloge.

F I N.

9 782014 090284